學習漢語與文化

中級漢語課本（上冊）

Learning Chinese Language and Culture

Intermediate Chinese Textbook (Vol. 1)

黃偉嘉、敖群　合著

By Weijia Huang & Qun Ao

中文大學出版社

《學習漢語與文化：中級漢語課本》（上冊）
　　黃偉嘉、敖群　著

© 香港中文大學 2002, 2019

國際統一書號（ISBN）：978-988-237-060-9

2019年第二版第一次印刷

出版：香港中文大學出版社
　　　香港 新界 沙田・香港中文大學
　　　傳真：+852 2603 7355
　　　電郵：cup@cuhk.edu.hk
　　　網址：www.chineseupress.com

Learning Chinese Language and Culture: Intermediate Chinese Textbook (Vol.1)
(in Simplified & Traditional Chinese, and English)
　By Weijia Huang and Qun Ao

© The Chinese University of Hong Kong 2002, 2019
All Rights Reserved.

ISBN: 978-988-237-060-9

Second edition, first printing 2019

Published by　The Chinese University of Hong Kong Press
　　　　　　　The Chinese University of Hong Kong
　　　　　　　Sha Tin, N.T., Hong Kong
　　　　　　　Fax: +852 2603 7355
　　　　　　　E-mail: cup@cuhk.edu.hk
　　　　　　　Website: www.chineseupress.com

Printed in Hong Kong

目录 / 目錄
Contents

* 每课配有课文及词汇录音，请扫描 QR 码下载：
  每課配有課文及詞彙錄音，請掃描 QR 碼下載：
  Audio recordings of texts and vocabularies are available online,
  please scan the QR code to download:

前面的话 / 前面的話
Preface

　　《学习汉语与文化：中级汉语课本》是《汉语与文化读本》的全新修订插图版，原书2002年由香港中文大学出版社出版。17年来主要在美国、加拿大、英国、澳大利亚、新西兰等英语国家和地区的大学、中学及中文学校使用，有的学校用做美国中文AP课的教材，中国大陆及其香港、台湾地区也有学校在用。

　　Learning Chinese Language and Culture: Intermediate Chinese Textbook is the new edition of *Chinese Language and Culture: An Intermediate Reader*, which was originally published in 2002 by The Chinese University of Hong Kong Press. In the past 17 years, the first edition has been used primarily in colleges and high schools in the United States, Canada, Britain, Australia, and New Zealand. It has also been used specifically for AP Chinese courses. This book has been used to teach foreign students in Mainland China, Hong Kong, and Taiwan as well.

　　这次修订主要有五个方面：1. 替换了原书文化要素较少以及内容不十分合适的课文，修订后的课本是一个完全在文化层面上进行汉语教学的课本；2. 对没有替换的课文全部做了改写，改写除了令内容更加合适、表述更为准确外，更主要的是严格控制了课文的篇幅和生词的数量，保证了全书的长度和难度循序渐进；3. 作业练习相应地做了改写和调整，保证其数量和难度逐渐增加；4. 增加了与课文内容相关的附录和图片；5. 把22课分为上下两册，便于学生灵活使用。

　　This new edition has the following changes: 1. Lessons which contained relatively few or incongruent cultural content were replaced. This new edition aims to fully utilize cultural context to facilitate teaching Chinese; 2. Lessons that were not replaced were completely rewritten and revised to improve their suitability and clarity. More importantly, the revisions aimed to tightly control each lesson's length and amount of vocabulary words in order to maintain a gradual increase in lesson difficulty throughout the book; 3. Each lesson's homework section has also been revised to allow for gradual and progressive increase in difficulty and length; 4. Relevant images, graphics, and appendices have also been increased for each lesson; 5. 22 lessons have been divided into two volumes to allow for more convenient use by the students and teachers.

　　因为海外学生对繁简字都有需求，所以修订版仍采用繁简并用的形式，但是为了节省版面，整本书的功能型文字，诸如"前面的话""简介""作者介绍"等只是简体中文和英文，而与授课内容相关的文字，则全部采用繁简对照。

　　Due to the requirements of teaching Chinese in a foreign environment, this revised edition continues to include both Traditional and Simplified Chinese in the relevant educational text. However non-educational materials are in both Simplified Chinese and English print.

今天这套修订版能够出版，我们首先要感谢17年来使用这本教材的许多学校和老师，特别是美国哈佛大学的黄萧惠媛老师、美国海军学院的胡文泽老师、纽约大学的邵秋霞老师、纽约州立大学布法罗分校的吕雪红老师、科罗拉多大学丹佛分校的伍逸豪老师、麻州菲利普斯学院的赵聪敏老师、波士顿中国城汉语学院的陈志强老师、加拿大多伦多大学的王晓薇老师、新西兰奥塔哥大学的蒋海新老师和黄芷敏老师、英国伦敦美国学校的徐兰婷老师等，这些老师把使用中发现的问题以及需要改进的地方反馈给我们，而且给我们提出了很好的修改建议。黄萧惠媛老师、吕雪红老师还制作了许多与本书配套使用的辅助材料。

We must thank the many institutions and teachers that have used the first edition in the past 17 years. This new edition would not have been possible without their help and feedbacks. We would especially like to thank Professor H.-Y. Emily Huang of Harvard University, Professor Wenze Hu of The US Naval Academy, Professor Qiuxia Shao of New York University, Professor Xuehong Lu of The State University of New York at Buffalo, Professor I-hao Victor Woo of The University of Colorado Denver, Mrs. Congmin Zhao of Phillips Academy Andover, and Mr. Chikeung Chen of The Chinese Institute of Language and Arts-Boston. We would also like to thank Professor Hsiao-wei Wang Rupprecht of The University of Toronto, Professor Lorraine Wong and Professor Haixin Jiang of The University of Otago, and Mrs. Lanting Xu of The American School in London. Professor H.-Y. Emily Huang and Professor Xuehong Lu have also developed many supplementary exercises for the first edition.

我们还要感谢湖南大学研究生刘梦零，她在毕业论文《跨文化视域下的文化教材比较研究》中，对比国内使用的汉语文化教材，对《汉语与文化读本》做了详尽的分析研究，提出了编写汉语文化教材建设性的建议，我们这次修订也参考了她的研究成果。

We would also like to thank Mengling Liu of Hunan University. In her Master's dissertation, "A Comparative Research on Culture Textbooks from the Perspective of Cross Culture: A Case Study of *Chinese Culture* and *Chinese Language and Culture*," she compared the first edition with similar Chinese language and culture books used in Mainland China and provided valuable feedback for this revised edition.

我们也要感谢我们的孩子黄兮，他负责这次修订版的英文部分，无论生词对译、语法解释，还是英译汉练习，他都尽心尽力，一丝不苟。我们也感谢波士顿大学，允许我们多年来使用这本教材。

We would also like to thank our son, Xi Huang, who assisted with the English sections of this book. Furthermore, we would like to thank Boston University's Department of World Languages and Literatures for allowing us to use this book over past many years.

最后我们特别要感谢香港中文大学出版社，包括责编、美编、市场部同事在内的整个团队的通力合作，把这么漂亮的《学习汉语与文化》教材呈现在我们面前。这个新版我们力图做到完美，但遗漏和瑕疵在所难免。欢迎使用这本教材的老师和同学指正，帮助这套教材尽善尽美。

Finally, we would like to especially thank The Chinese University of Hong Kong Press, including the entire editorial, marketing, and artistic design staff, who have worked tirelessly to make this book a reality. We acknowledge that despite our best effort, there is still room to grow. We would very much appreciate any feedback from teachers and students alike to help further improve this book.

作者　谨识

2019 年 2 月 28 日于美国波士顿

The Authors

February 28, 2019, Boston

简介 / 簡介
Synopsis

一. 适用对象　Target Audience

这是一本中级汉语教材，讲解汉语知识，介绍中国文化，适用于学完初级汉语的学生。

Learning Chinese Language and Culture is an intermediate level textbook (by ACTFL Guidelines 2012), which was designed mainly for students who have completed introductory courses of Chinese as a foreign language. This book illustrates Chinese language knowledge and introduces Chinese culture.

二. 教材内容　Content

1. 全书22课，为美国大中学一学年教学用书。按照一星期上一课的进度，加上复习和考试，一学期教11课，一学年教22课。

There are a total of 22 lessons in this book. It is intended to be used throughout the entire school year at either a college or high school. The pace of this book is set at one lesson per week. Including review periods and exams, each semester should cover 11 lessons and each school year should cover 22 lessons.

2. 每一课由"学习大纲和学习目标""课文""生词""语法和词语注释""练习"，以及与正课文相配合的"阅读课文""阅读课文生词""阅读课文问题"和"附录"等九个部分组成。

Every lesson contains the following nine parts: study outline and objectives, the main text, main vocabulary, grammar and word phrases notes, exercises, supplementary reading, supplementary vocabulary, questions regarding the supplementary reading, and the lesson appendices.

3. 每一课的课文长度有严格控制，正课文每一课比前一课多20字（包括标点符号，下同），全书从第一课的430字均匀地扩展到第二十二课的850字；阅读课文每一课比前一课多20字，从第一课的420字均匀地扩展到第二十二课的840字。

In order to make steady progress and avoid the unnecessary complications in students' learning, the length of each text is appropriately controlled. Every main text is twenty characters (including punctuation marks) longer than the previous text. Every supplementary text is also twenty characters (including punctuation marks) longer than the previous supplementary text. Therefore, the first main text is 430 characters and the twenty-second main text is 850 characters. In parallel, the first supplementary text is 420 characters and the twenty-second supplementary text is 840 characters.

4. 每一课的生词数量有严格控制，正课文每一课比前一课多1个生词，全书从第一课的30个生词均匀地增加到第二十二课的51个生词。全书共有生词891个，上册第一课至第十一课385个，平均每一课35个；下册第十二课至第二十二课506个，平均每一课46个。阅读课文的生词不定量，但每一课生词不超过正课文的生词量。本书采用"多认少写"的教学模式，正课文生词要求学生会认会写，阅读课文生词学生会认就行。

Similarly, every lesson in this textbook increases its vocabulary words gradually in order to effectively and systematically develop the students' vocabulary. Therefore, the number of new words for each main text is closely controlled. For example, each main text contains one new vocabulary word more than the previous one. Throughout the book, the main text vocabulary increases from 30 words in first lesson to 51 words in the twenty-second lesson. The total number vocabulary words in main texts are 891 which include 385 new words in the first eleven lessons and 506 new words in the second eleven lessons. The supplementary reading materials do not have a designated number of new vocabulary words but it is always less than that of the new vocabulary words in the corresponding main texts. This book employs the "recognize more, write less" teaching approach. It means that teachers can require the students to both understand and be able to write the new words in the main text while the students need only to recognize the new words in the supplementary texts.

5. 每一课有七个语法和词语注释，语法和词语注释有英文讲解。每一个注释下有三个例句，每个例句有英文翻译。第一个例句来自课文，这样等于把课文里带有语法点的难句做了英文翻译；后面两个例句简短明了，便于学生理解及使用。遇到容易混淆的词语，注释时也都做了简单的辨析。

Every lesson has seven grammar and word phrases notes that are accompanied by corresponding English explanations. Each grammar and word phrases note has three examples which are accompanied by their corresponding English translations. The first example comes directly from the main lesson text, and in essence, is a translation of a grammatically significant sentence from the text. The next two examples are short and relatively simple in order to help students understand this grammar point and learn how to apply it. If there are grammar phrases that are ambiguous or easily mixed up, they will be differentiated and analyzed in the annotations.

6. 每一课后面有不同形式的作业练习，作业形式共有20余种，其难度随课文逐步提高，数量随课文逐渐增多。第五课开始有"课堂讨论"，第七课开始有"小作文"。练习除了听说读写四个方面都有所顾及外，特别注重关联词语对句段连接功能的训练。每一课必有的"英译汉"是对学生全面掌握本课语法以及词汇的综合性训练。书后配有录音帮助学生练习听力，网页链接为：https://www.chineseupress.com/chinesepress/download/LCLC_audiorecording.zip。

Every lesson has a variety of exercises and the entire book contains a more than twenty different types. The difficulty level and the number of the exercises gradually increase along with the lessons throughout the book. From the fifth lesson onwards, every lesson includes a classroom discussion section. From the seventh lesson onwards, every lesson will also include a small essay exercise. The exercises, in addition to developing the student's ability to read, write, speak and understand, also specifically concentrate on the use of preposition and conjunctions to connect sentences and paragraphs together. Every lesson has English translation exercises designed to help students understand and apply the lesson's grammar and vocabulary. Every book contains a web link with the recordings of every main text, supplementary text and all related vocabulary in order to help students practice and improve their listening ability. The link is: https://www.chineseupress.com/chinesepress/download/LCLC_audiorecording.zip.

7. 每一课后都有相应的阅读课文，阅读课文内容与正课文有关，例如：第七课《中国人口和计划生育》的阅读课文是《独生子女》，第十一课《中国年和压岁钱》的阅读课文是《舞龙和舞狮子》，第十四课《家家有老人》的阅读课文是《老人的娱乐与锻炼》。阅读课文尽可能地复现前面课文的语法点及生词。其实，无论是正课文还是阅读课文，语法和词语注释还是作业练习，都尽可能地重复出现学过的语法和生词。阅读课文属泛读性质，不出现新的语法点，学生根据生词就能读懂。

Every lesson contains a supplementary reading text that is related to the subject matter of the main text. For example, main text of the seventh lesson is "Chinese Population and Family Planning" and its supplementary text is "Only Child." The main text of lesson eleven is "Chinese New Year and New Year Money" and its supplementary text is "Dragon Dance and Lion Dance." The main text of lesson fourteen is "Every Family Has Their Elderly Members" and the corresponding supplementary text is "Entertainment and Exercise for the Elderly." The supplementary text is mainly designed to reinforce and reiterate the grammar points and vocabulary from the main text and is not designed for intensive reading. Therefore it does not introduce any new grammar points, and the students should be able to understand it by just knowing the supplementary vocabulary list. In addition, every lesson's main text, supplementary text, grammar and phrase notes, and exercises are all designed to build upon and review the grammar points and vocabulary words of all the previous lessons.

8. 为了加深学生对课文的理解，也为了便于课堂讨论，每一课后面都附有与课文内容相关的附录。例如：第二课《汉字是怎么产生的？》，阅读课文为《汉字的偏旁》，后面附有《汉字形体演变表》和《汉字偏旁简表》；第三课《长城》，阅读课文为《大运河》，后面附有《中国名胜古迹简表》和《世界名胜古迹简表》；第十九课《颜色的含义》，阅读课文为《花儿和花语》，后面附有《常见颜色一览表》和《常见花草一览表》等等，同时每一课都附有相关的照片或图画。

In order to improve the student's understanding of the text, and also to facilitate the classroom discussion, every lesson includes two appendices that contain information relevant to the text material. For example, the second lesson "How are Chinese Characters Created?" is followed by the supplementary text "The Chinese Characters Radicals" and contains the appendices "Examples of Chinese Characters' Evolution" and "Examples of Chinese Radicals." The third lesson "The Great Wall" is followed by the supplementary text "The Grand Canal" and contains the appendices "Historical Relics and Sceneries of China" and "Historical Relics and Sceneries of the World." The nineteenth lesson "The Implications of Colors" is followed by the supplementary text "Flowers and Flower Language" and contains the appendices "List of Common Colors" and "List of Common Flowers." In addition, every lesson also contains relevant pictures and drawings.

9. 课文的顺序根据课文的难易度和词语是否常用以及文化内容是否普及排列，全部课文由短到长，由浅入深，由易到难，循序渐进。为了增强学生学习的兴趣，提高学习的效率，也为了学以致用，我们把《中文难不难？》和《汉字是怎样产生的？》排在第一学期的一开始；把《中国年和压岁钱》和《中国情人节》排在接近中国春节和接近西方情人节的时间，把《到中国旅游》和《长江三峡》排在后一学期。

The lessons are ordered according to their difficulty, the common words in their vocabulary, and the relevance of their cultural content. The lessons in this book progresses gradually from short to long, from simple to complex and from easy to difficult. In order to increase the interest of the students, the efficacy and the applicability of the lessons, we placed these lessons at specific parts in this book. We placed "Is Chinese Difficult to Learn?" and "How are Chinese Characters Created?" at the beginning of the book, and we placed "Chinese New Year and New Year Money" and "Chinese Valentine's Day" close to the actual Chinese New Year and the Western Valentine's Day. Finally, we placed "Touring Around China" and "The Three Gorges of the Yangtze River" near the end of the book.

10. 为了方便学生学习，便于老师备课，每一课前面用中英文列出该课的"学习大纲和学习目标"；全书后面附有"词汇索引"和"语法词语注释索引"以及"文化内容索引"。

In order to facilitate the students' learning and teachers' preparation, every lesson contains a Chinese and English study outline and objectives. Furthermore, at the end of the book, there is a complete vocabulary index, a grammar and terms index, and a cultural content index.

三. 教材特色　Features

1. 这是一本在文化层面上进行汉语教学的教材，目的是通过语言与文化互动来促进汉语学习。学生在学习汉语的同时了解中国文化；在了解中国文化的同时激发学习热情，这也是对外汉语教学界公认的行之有效的教学方法，教学效果业已受到老师和学生的肯定，在我们这本教材的前身——《汉语与文化读本》十几年的使用中也得到了证明，我们这次修订是在保证汉语知识的基础上，调整和充实了文化方面的内容。

The goal of this text book is to utilize the relationship between culture and language to enhance Chinese learning. In the process of learning Chinese, the students gain an understanding of Chinese culture; which in turn stimulate the students' interest to study Chinese. The effectiveness of this integrative concept is well recognized within the field of teaching Chinese as a foreign language. This has also been proven in more than a decade of using the previous edition of this book, *Chinese Language and Culture*. This new edition maintains the Chinese language components while adjusting and expanding the cultural content.

2. 教材的文化内容包括风俗习惯、节日年庆、诗词成语、书法楹联、神话传说、风水迷信、名胜古迹等诸多方面。由于教材内容与文化联系紧密，学生学习的主动性高，参与性强，课堂活跃。学生很容易从与中国同学的接触中，从报纸、杂志以及影视剧中，从去中国饭馆就餐、观看中国年节庆祝活动中，真实地感受到课本里所讲的各类文化知识。

The cultural content of this text book includes: customs and manners, holidays and festivals, poems and idioms, calligraphy and couplets, myths and legends, feng shui and superstitions, and historical relics and sceneries and many others. Because the text book extensively integrates Chinese culture, it stimulates the students' motivation and participation. It also promotes a lively atmosphere in the classroom. This book provides the students with a foundation for real world applications. Students can use the knowledge gained from this book to further enhance their experience when interacting with native speakers, reading newspapers, watching movies, or eating at Chinese restaurants.

3. 教材中的44篇课文都是我们自己撰写的，自己撰写的目的是为了给学生搭建一座合适的桥梁，让学生通过这座桥梁，从初级教材的对话体过渡到高级教材的文章体。自己撰写的好处是可以把握课文的难易度，控制课文的篇幅和生词数量；可以选用合适的语法、合适的词语和合适的文化内容。

We have written all forty-four lessons in this text book with the goal of elevating the students' Chinese proficiency from a basic dialogue level to a more advanced paragraph discourse. The advantage of writing our own material is that we can precisely target the students' proficiency level. For example, we can closely control the length and difficulty of every lesson, the amount and difficulty of the vocabulary, and the appropriateness of the grammar and cultural content.

4. 我们知道，语言课本是学生学习语言的范本，课文是学生写作的范文，课文中的句子是学生造句的范例，所以每一篇课文我们都力求做到主题明确，内容生动；结构清晰，论述合理；用词规范，标点准确，而且在保证每一课七个语法点以及严格控制每一课字数和生词量的前提下，尽可能地做到语句通顺，行文流畅。因为学生是初次接触文章体，所以课文尽量避免长句子和大段落。因为教材主要是为大学生和高中生编写，所以课文的遣词造句在防止艰涩拗口的同时，也特别注意避免语言的幼稚化。

Language text books serve as templates for the students' learning and application of the language. For example, the lessons within the text book serve as models of standard writing composition and the sentences within the lessons serve as paradigms for creating sentences. Therefore in every lesson, we have strived to maintain a clear topic and a coherent structure. We have also endeavored to keep the contents lively and the discussions logical and reasonable. Furthermore, we sought to achieve a fluent and coherent writing style while closely controlling the structure and grammar of every lesson. Because the intended students are being introduced to the essay format for the first time, the lesson texts avoid overly complex sentences and paragraphs. This text book is designed for college and high school students. Therefore, the word choice and phrasing of this text not only eschews obscurity and awkwardness but also naiveté.

5. 如前所述，教材的课文、生词以及语法，没有忽长忽短、忽多忽少、忽难忽易的现象，不会给学生造成紧张和畏惧心理。学生在不知不觉中提高自己的汉语水平，了解许多中国文化知识。

As mentioned before, the reading texts, vocabulary and grammar are carefully thought out and appropriately organized in order to prevent students from feeling nervous or apprehensive when reading this text book. The students will gradually improve their Chinese proficiency while learning Chinese culture at the same time.

6. 这本教材完全依照学校课时编写，循序渐进的课文，严格控制的生词，分布均匀的语法，适量有效的作业以及相关的附录，对老师安排教学计划，备课以及讲授提供了很大的方便。教材文化内容有相当高的稳定性，老师可以长期使用。本教材也适用于对汉语和中国文化有兴趣的人自学。

This text book is arranged according to the academic calendar. Every aspect of this book, from the text and vocabulary to the grammar exercises and appendices is designed to facilitate the planning and preparation of the class from a teacher's perspective. Furthermore, because of the logical and systematic organization of this text book, it can also be suited for self-learning.

7. 课文所涉及的语言和文化知识全都经过了编者力所能及的考证，所有的论点和数据都有依据。这样做是给学生一个正确的知识，避免在以后的学习中出现不一致的情况，从而保证中国文化的严肃性。至于有几说的，作者视教材需要选取。

All the discussion points, data, and language and cultural knowledge in this book have been extensively researched and verified by the authors. This is to provide the most accurate information possible to the students. When there are multiple and ambiguous explanations for the same topic, the authors chose the one that is most appropriate for the textbook.

8. 汉语拼音拼写规则完全按照国家教育委员会和国家语言文字工作委员会公布的《汉语拼音正词法基本规则》，词语释义依照中国社会科学院语言研究所词典编辑室编的《现代汉语词典》，语法和词汇注解根据《现代汉语八百词》及相关语法著作。

The Chinese pinyin spelling rules in this book are adopted from *The Basic Rules of the Chinese Phonetic Alphabet Orthography* which is published by the National Educational Commission and the National Language Commission. The definitions of the vocabulary words in this text book are written according to *The Contemporary Chinese Dictionary* published by the Dictionary Department of the Institute of Linguistics at the Chinese Academy of Social Sciences. The grammar explanations are written according to *Modern Chinese Eight Hundred Words* published by the Commercial Press in Beijing and other related grammar reference books.

作者介绍 / 作者介紹
About the Authors

黄伟嘉

陕西师范大学古文字学硕士，波士顿大学世界语言与文学系资深讲师，陕西师范大学人文社会科学高等研究院特聘研究员，美国口语能力测试 (OPI) 测试员。曾在哈佛大学、布朗大学、明德暑校教普通汉语和古代汉语。研究方向：对外汉语文字学教学，对外汉语古汉语教学、对外汉语文化教学，对外汉语教材编写。主要著作：

1. 《现代汉语文字答问》，北京大学出版社2011。（北京大学陆俭明教授主编"现代汉语知识答问"丛书之一）
2. 《坐看云起时》，与敖群合著，美国波士顿剑桥出版社2014。
3. 《风从哪里来》，与敖群合著，美国波士顿剑桥出版社2013。
4. 《汉字部首例解》(繁体修订版)，与敖群合著，香港商务印书馆2012。
5. 《天上星星亮晶晶》，与敖群合著，美国波士顿剑桥出版社2011。
6. 《汉字知识与汉字问题》，与敖群合著，北京商务印书馆2009，2013第2次印刷。
7. 《汉字部首例解》与敖群合著，北京商务印书馆2008，2015第4次印刷。
8. 《月亮总是美好的》，与敖群合著，美国波士顿剑桥出版社2008。
9. 《太阳有多远》，与敖群合著，美国波士顿剑桥出版社2007。
10. 《汉语与文化读本》，与敖群合著，香港中文大学出版社2002，2014第7次印刷。

2010年起，为北京商务印书馆《汉语世界》杂志"魅力汉字"专栏作者，独自和合作撰写说"权"字、说"罪"字、说"知"字等汉字专栏文章50余篇。在国内外报刊杂志发表《寂静的西点军校》《明德与明德暑校》《长长的波士顿大学》《哈佛燕京"卖"书记》《改变美国大学汉字教学难的重要途径——关于汉语教材中汉字学习内容编写的思考》《和张光直先生最后工作的日子》《"不其"之"其"应是副词》《甲金文中"在、于、自、从"四字介词用法的发展变化及其相互关系》等论文和散文20余篇。

敖群

匹兹堡大学教育学博士，美国陆军军官学院 (西点军校) 外语系教授，美国口语能力测试 (OPI) 培训师、测试员。曾在麻州大学艾姆荷斯特分校、匹兹堡大学、明德暑校、布兰黛斯大学、北达科达大学教普通汉语、古代汉语。曾任布兰黛斯大学、北达科达大学中文项目主任，美国CET杭州、南京汉语暑期项目教学主任。研究方向：对外汉语语音教学及声调偏误更正。主要著作：与黄伟嘉合著《汉字知识与汉字问题》《汉字部首例解》《坐看云起时》《风从哪里来》《月亮总是美好的》《太阳有多远》《天上星星亮晶晶》《汉语与文化读本》等，发表"The Mismatching of Teachers' Intention and Students' Understanding During Error Correction", "Awareness of Radicals and Retention of Chinese Characters in Long-Term Memory: The Factors that Influence American Students' Learning Chinese Characters"等与汉语教学有关的论文。

Weijia Huang is a Senior Lecturer of the Department of World Languages and Literatures at Boston University, and Distinguished Research Fellow of Institute for Advance Studies in Humanities and Social Sciences of Shaanxi Normal University. He received his MA in History of Chinese Language with a research field in Chinese paleography and his BA in Chinese Language and Literature from Shaanxi Normal University in China. He is a certified Oral Proficiency Interview tester by the American Council on the Teaching of Foreign Languages. In addition to Boston University, Huang has taught modern Chinese, classical Chinese and Chinese culture courses at Harvard University, Brown University and Middlebury College Summer School. His research includes, Chinese philology, teaching classical Chinese as a foreign language, the compilation of Chinese as a foreign language textbooks, and teaching Chinese culture in the foreign language classroom.

He is the author of *Questions and Answers on Modern Chinese Characters* by Peking University Press in Beijing, China, 2011. He is the co-author with Qun Ao of *Chinese Philology: Knowledge and Issues* by the Commercial Press in Beijing, China, 2009, 2nd Printing 2013, and *Illustration of the Radicals of Chinese Characters* by the Commercial Press in Beijing, China, 2008, 4th Printing 2015. He is the co-author with Qun Ao of the series of Chinese culture readings by Cheng & Tsui Company in Boston, which includes *Watching the Clouds Go By*, 2014; *Where Does the Wind Blow*, 2013; *The Sky Is Bright with Stars*, 2012; *The Moon Is Always Beautiful*, 2008 and *How Far Away Is the Sun*, 2007. He is also the co-author with Qun Ao of the Chinese textbook: *Chinese Language and Culture* by the Chinese University Press of Hong Kong 2002, 7th Printing 2014. The Commercial Press in Hong Kong also published the new edition of his *Illustration of the Radicals of Chinese Characters* with updated content and traditional characters in 2012.

In addition, he also published more than twenty articles and essays on Chinese studies and cross-cultural encounters, such as "The Serenity of West Point" ,"The Town of Middlebury and Chinese Summer School at Middlebury College," "Boston University, a Long Stretch," "At the Harvard-Yenching Library Book Sale......," "The Essential Approach for Solving the Dilemma of Teaching Chinese Characters in the United States —Discussing How to Develop Chinese Material that Helps in Teaching Chinese Characters," "The Final Days of Working with Kwang-Chih Chang," "The Word 'Qi' in the Phrase 'Buqi' Should Be an Adverb," "The Evaluation of the Usage of the Four Prepositions 'Zai, Yu, Zi, and Cong' as Occurred in the Oracle Bone and Bronze Inscriptions and Their Mutual Relationship," etc. Since he has become a columnist for the magazine, *The World of Chinese* in 2010, he has been the author or co-author of more then 50 articles on the origin and evolution of Chinese characters, such as "On the Chinese Character 'Quan' (The Power)," "On the Chinese Character 'Zui' (The Crime)," "On the Chinese Character 'Zhi' (The Knowledge)," etc.

Qun Ao is a Professor of Chinese in the Department of Foreign Languages, U. S. Military Academy at West Point. She received her Ph.D. in Foreign Language Education with a research field in Second Language Acquisition and Linguistics. She was the former director of the Chinese programs at Brandeis University and the University of North Dakota. She also taught modern Chinese, classical Chinese, Chinese media, Chinese calligraphy and Chinese culture courses at University of Massachusetts, University of Pittsburgh, and Middlebury College Summer Schools. She is a certified Oral Proficiency Interview tester by the American Council on the Teaching of Foreign Languages. Her research includes language pedagogy, error correction in Chinese tonal acquisition, curriculum design, and the assessment of foreign language proficiency. She is the co-author with Weijia Huang of many books, including: *Chinese Philology: Knowledge and Issues, Illustration of the Radicals of Chinese Characters, Watching the Clouds Go By, Where Does the Wind Blow, The Sky Is Bright with Stars, The Moon Is Always Beautiful,* and *How Far Away Is the Sun*. She is also the co-author with Weijia Huang of the Chinese textbook: *Chinese Language and Culture*. Ao has published numerous articles in academic journals, such as "The Mismatching of Teachers' Intention and Students' Understanding During Error Correction," "Awareness of Radicals and Retention of Chinese Characters in Long-Term Memory: The Factors that Influence American Students' Learning Chinese Characters," etc.

词类简称表 / 詞類簡稱表
Abbreviations of Parts of Speech

n.	noun	名词　名詞	míngcí
v.	verb	动词　動詞	dòngcí
aux.	auxiliary verb	助动词　助動詞	zhùdòngcí
adj.	adjective	形容词　形容詞	xíngróngcí
num.	numeral	数词　數詞	shùcí
m.	measure word	量词　量詞	liàngcí
pn.	pronoun	代词　代詞	dàicí
adv.	adverb	副词　副詞	fùcí
prep.	preposition	介词　介詞	jiècí
conj.	conjunction	连词　連詞	liáncí
par.	particle	助词　助詞	zhùcí
int.	interjection	叹词　嘆詞	tàncí
onom.	onomatopoeia	拟声词　擬聲詞	nǐshēngcí
id.	idioms	成语　成語	chéngyǔ
prn.	proper noun	专用名词　專用名詞	zhuānyòngmíngcí
ce.	common expression	常用语　常用語	chángyòngyǔ

汉语拼音字母表 / 漢語拼音字母表
The Chinese Phonetic Alphabet

	a	o	e	ai	ei	ao	ou	er	an	en	ang	eng	i	ia	ie	iao	iu
b	ba	bo		bai	bei	bao			ban	ben	bang	beng	bi		bie	biao	
p	pa	po		pai	pei	pao	pou		pan	pen	pang	peng	pi		pie	piao	
m	ma	mo	me	mai	mei	mao	mou		man	men	mang	meng	mi		mie	miao	miu
f	fa	fo			fei		fou		fan	fen	fang	feng					
d	da		de	dai	dei	dao	dou		dan		dang	deng	di		die	diao	diu
t	ta		te	tai		tao	tou		tan		tang	teng	ti		tie	tiao	
n	na		ne	nai	nei	nao	nou		nan	nen	nang	neng	ni		nie	niao	niu
l	la		le	lai	lei	lao	lou		lan		lang	leng	li	lia	lie	liao	liu
g	ga		ge	gai	gei	gao	gou		gan	gen	gang	geng					
k	ka		ke	kai		kao	kou		kan	ken	kang	keng					
h	ha		he	hai	hei	hao	hou		han	hen	hang	heng					
j													ji	jia	jie	jiao	jiu
q													qi	qia	qie	qiao	qiu
x													xi	xia	xie	xiao	xiu
zh	zha		zhe	zhai	zhei	zhao	zhou		zhan	zhen	zhang	zheng	zhi				
ch	cha		che	chai		chao	chou		chan	chen	chang	cheng	chi				
sh	sha		she	shai	shei	shao	shou		shan	shen	shang	sheng	shi				
r			re			rao	rou		ran	ren	rang	reng	ri				
z	za		ze	zai	zei	zao	zou		zan	zen	zang	zeng	zi				
c	ca		ce	cai		cao	cou		can	cen	cang	ceng	ci				
s	sa		se	sai		sao	sou		san	sen	sang	seng	si				
y	ya					yao	you		yan		yang		yi		ye		
w	wa	wo		wai	wei				wan	wen	wang	weng					
	a	o	e	ai	ei	ao	ou	er	an	en	ang	eng	i	ia	ie	iao	iu

ian	in	iang	ing	u	ua	uo	uai	ui	uan	un	uang	ong	ü	üe	üan	ün	iong
bian	bin		bing	bu													
pian	pin		ping	pu													
mian	min		ming	mu													
				fu													
dian			ding	du		duo		dui	duan	dun		dong					
tian			ting	tu		tuo		tui	tuan	tun		tong					
nian	nin	niang	ning	nu		nuo			nuan			nong	nü	nüe			
lian	lin	liang	ling	lu		luo			luan	lun		long	lü	lüe			
				gu	gua	guo	guai	gui	guan	gun	guang	gong					
				ku	kua	kuo	kuai	kui	kuan	kun	kuang	kong					
				hu	hua	huo	huai	hui	huan	hun	huang	hong					
jian	jin	jiang	jing										ju	jue	juan	jun	jiong
qian	qin	qiang	qing										qu	jue	quan	qun	qiong
xian	xin	xiang	xing										xu	xue	xuan	xun	xiong
				zhu	zhua	zhuo	zhuai	zhui	zhuan	zhun	zhuang	zhong					
				chu	chua	chuo	chuai	chui	chuan	chun	chuang	chong					
				shu	shua	shuo	shuai	shui	shuan	shun	shuang						
				ru		ruo		rui	ruan	run		rong					
				zu		zuo		zui	zuan	zun		zong					
				cu		cuo		cui	cuan	cun		cong					
				su		suo		sui	suan	sun		song					
	yin		ying									yong	yu	yue	yuan	yun	
				wu													
ian	in	iang	ing	u	ua	uo	uai	ui	uan	un	uang	ong	ü	üe	üan	ün	iong

中国古代历史简表 / 中國古代歷史簡表
Chronology of Chinese History

中文		拼音	English	年代
五帝 （约前30世纪初–约前21世纪初）			Five August Emperors (c.30th century B.C.– c.21th century B.C.)	
黄帝	黃帝	huángdì	Yellow Emperor	
颛顼	顓頊	zhuānxū	Emperor Zhuanxu	
帝喾	帝嚳	dìkù	Emperor Ku	
尧	堯	yáo	Emperor Yao	
舜	舜	shùn	Emperor Shun	
夏	夏	xià	Xia Dynasty	2070 B.C.–1600 B.C.
商	商	shāng	Shang Dynasty	1600 B.C.–1046 B.C.
周	周	zhōu	Zhou Dynasty	1046 B.C.–256 B.C.
西周	西周	xīzhōu	Western Zhou Dynasty	1046 B.C.–771 B.C.
东周	東周	dōngzhōu	Eastern Zhou Dynasty	770 B.C.–256 B.C.
春秋时期	春秋時期	chūnqiū shíqī	Spring and Autumn Period	770 B.C.–476 B.C.
战国时期	戰國時期	zhànguó shíqī	Warring States Period	475 B.C.–221 B.C.
秦	秦	qín	Qin Dynasty	221 B.C.–207 B.C.
汉	漢	hàn	Han Dynasty	207 B.C.–A.D. 220
三国	三國	sānguó	Three Kingdoms	220–280
晋	晉	jìn	Jin Dynasty	265–420
南北朝	南北朝	nánběicháo	Northern and Southern Dynasties	420–589
隋	隋	suí	Sui Dynasty	581–618
唐	唐	táng	Tang Dynasty	618–907
五代	五代	wǔdài	Five Dynasties	907–960
宋	宋	sòng	Song Dynasty	960–1279
元	元	yuán	Yuan Dynasty	1206–1368
明	明	míng	Ming Dynasty	1368–1644
清	清	qīng	Qing Dynasty	1644–1911

上册 / 上册
Book One

上册 / 上冊
Book One

中文难不难？
中文難不難？
Is Chinese Difficult to Learn?

学习大纲和学习目标

通过学习本课，学生应该能够：

1. 掌握这些句型和词语的意思和用法：
   1）因为……（所以）
   2）用……V
   3）不但……而且 / 也 / 还
   4）其实
   5）从
   6）差不多
   7）虽然……但是 / 可是

2. 认识和运用课文以及阅读文章内的生词。

3. 了解学习中文需要注意的几个方面。

4. 简单描述学习中文跟学其他语言的不同。

學習大綱和學習目標

通過學習本課，學生應該能夠：

1. 掌握這些句型和詞語的意思和用法：
   1）因為……（所以）
   2）用……V
   3）不但……而且 / 也 / 還
   4）其實
   5）從
   6）差不多
   7）雖然……但是 / 可是
2. 認識和運用課文以及閱讀文章內的生詞。
3. 瞭解學習中文需要注意的幾個方面。
4. 簡單描述學習中文跟學其他語言的不同。

Study Outline and Objectives

After studying this chapter, students should:

1. Have a good command of the meaning and usage of these sentence patterns and terms:
   1) yīnwèi...(suǒyǐ) (because...[therefore])
   2) yòng...V (use/using/with...V)
   3) búdàn...érqiě / yě / hái (not only...but also)
   4) qíshí (in fact; actually)
   5) cóng (from)
   6) chàbuduō (almost)
   7) suīrán...dànshì / kěshì (although...[but])
2. Be familiar with the meaning and usage of the vocabulary introduced in the text and reading.
3. Understand special areas to which attention should be paid when learning Chinese.
4. Be able to describe the differences between studying Chinese and other languages.

中文难不难？

学中文难不难？难，也不难。为什么这样说呢？因为学任何一种语言都难，都要学听、说、读、写，都要学发音、学语法，都要记单词。

有人说汉字不是用字母拼写的，所以汉字不但难认而且难念，其实，这也不一定。因为有许多汉字，我们可以从偏旁上看出它的意思，也可以从偏旁上读出它的声音，所以有时候会觉得很容易。

学中文一定要先学汉语拼音，拼音是用字母拼写的，所以不难学。学拼音可以帮助练习发音，发音的时候要特别注意声调，中文里面同样的字音，声调不同，意思就不一样。还有些字的声调，在句子里和别的字一起读的时候会有变化，例如："不好"的"不"读第四声，"不会"的"不"读第二声。

学了汉语拼音，不但可以帮助练习发音，还可以帮助查字典，现在的中文字典差不多都是用拼音排列的。很多学生都喜欢用电脑做中文作业，电脑里的中文软件差不多也都是用拼音输入的。

汉字虽然有五万六千多个，但是常用的字只有三千五百个。我们学会这三千五百个常用字，差不多就可以看懂简单的报纸和书了，也可以写一些简单的文章了。

中文難不難？

學中文難不難？難，也不難。為什麼這樣說呢？因為學任何一種語言都難，都要學聽、說、讀、寫，都要學發音、學語法，都要記單詞。

有人說漢字不是用字母拼寫的，所以漢字不但難認而且難念，其實，這也不一定。因為有許多漢字，我們可以從偏旁上看出它的意思，也可以從偏旁上讀出它的聲音，所以有時候會覺得很容易。

學中文一定要先學漢語拼音，拼音是用字母拼寫的，所以不難學。學拼音可以幫助練習發音，發音的時候要特別注意聲調，中文裏面同樣的字音，聲調不同，意思就不一樣。還有些字的聲調，在句子裏和別的字一起讀的時候會有變化，例如："不好"的"不"讀第四聲，"不會"的"不"讀第二聲。

學了漢語拼音，不但可以幫助練習發音，還可以幫助查字典，現在的中文字典差不多都是用拼音排列的。很多學生都喜歡用電腦做中文作業，電腦裏的中文軟件差不多也都是用拼音輸入的。

漢字雖然有五萬六千多個，但是常用的字只有三千五百個。我們學會這三千五百個常用字，差不多就可以看懂簡單的報紙和書了，也可以寫一些簡單的文章了。

1	任何 任何	rènhé	*pn.*	any
2	语言 語言	yǔyán	*n.*	language
3	发音 發音	fāyīn	*n.*	pronunciation
4	语法 語法	yǔfǎ	*n.*	grammar
5	记 記	jì	*v.*	remember; bear in mind
6	单词 單詞	dāncí	*n.*	word
7	字母 字母	zìmǔ	*n.*	letters of an alphabet
8	拼写 拼寫	pīnxiě	*v.*	spell
9	不一定 不一定	bùyīdìng	*adv.*	not always; uncertain
10	偏旁 偏旁	piānpáng	*n.*	radicals (of characters)
11	意思 意思	yìsi	*n.*	meaning
12	声音 聲音	shēngyīn	*n.*	sound
13	觉得 覺得	juéde	*v.*	feel; think
14	容易 容易	róngyì	*adj.*	easy
15	一定 一定	yídìng	*adv.*	must; certainly
16	特别 特別	tèbié	*adv.*	especially
17	注意 注意	zhùyì	*v.*	pay attention to
18	同样 同樣	tóngyàng	*adj.*	same
19	字音 字音	zìyīn	*n.*	pronunciation of a character
20	变化 變化	biànhuà	*n.*	change
21	例如 例如	lìrú	*v.*	for example
22	查字典 查字典	cházìdiǎn	*v.*	look up a word in a dictionary
23	排列 排列	páiliè	*v.*	put ... in order

24	电脑	電腦	diànnǎo	*n.*	computer
25	软件	軟件	ruǎnjiàn	*n.*	software
26	输入	輸入	shūrù	*v.*	input
27	常用	常用	chángyòng	*adj.*	in common use
28	报纸	報紙	bàozhǐ	*n.*	newspaper
29	简单	簡單	jiǎndān	*adj.*	simple
30	文章	文章	wénzhāng	*n.*	essay

语法和词语注释 / 語法和詞語注釋
Grammar and Words/Phrases Notes

1. 因为⋯⋯（所以）
因為⋯⋯（所以）

yīnwèi ⋯（suǒyǐ）

because...(therefore)

♦ The structure"因为⋯⋯ 所以"connects two clauses of a cause and effect sentence. The first clause indicates the reason, and the second clause gives the result. Sometimes, the first clause gives the result and the second clause provides the reason.

1. 为什么说中文难也不难？因为学任何一种语言都很难。

   為什麼说中文難也不難？因為學任何一種語言都很難。

   Why is it said that Chinese is both difficult and not difficult to learn? Because any language is very difficult to learn.

2. 我昨天没有买书，因为我没有钱了。

   我昨天沒有買書，因為我沒有錢了。

   I didn't buy books yesterday, because I had no money left.

3. 因为你不做作业，所以考试考得不好。

   因為你不做作業，所以考試考得不好。

   Because you didn't do your homework, therefore you didn't do well in your exams.

4. 因为我头疼，所以我不想去上课了。

   因為我頭疼，所以我不想去上課了。

   Because I have a headache, therefore I don't want to go to my class.

2. 用⋯⋯V
用⋯⋯V

yòng ⋯ V

use/using/with...V

1. 汉字不是用字母拼写的。

   漢字不是用字母拼寫的。

   Chinese characters are not spelled alphabetically.

2. 很多学生喜欢用电脑做中文作业。

   很多學生喜歡用電腦做中文作業。

   Many students like to do their Chinese homework with computers.

3. 我用妈妈的钱买衣服。

   我用媽媽的錢買衣服。

   I buy clothes with my mother's money.

3. 不但……
而且 / 也 / 还
不但……
而且 / 也 / 還

bùdàn … érqiě / yě / hái

not only... but also

◆ "不但 …… 而且 / 也 / 还"indicates further meaning beyond the preceding statement. "而且 / 也 / 还"is used in the second clause that introduces a further meaning.

1. 汉字不但难认，而且难念。

   漢字不但難認，而且難念。

   Chinese characters are not only hard to recognize but also hard to read aloud.

2. 有的字不但可以从偏旁上看出它的意思，也可以从偏旁上读出它的声音。

   有的字不但可以從偏旁上看出它的意思，也可以從偏旁上讀出它的聲音。

   For some Chinese characters, not only can you make out the meaning from their radicals, but also their pronounciation as well.

3. 我不但喜欢说汉语，还喜欢写汉字。

   我不但喜歡説漢語，還喜歡寫漢字。

   Not only do I like to speak Chinese, but I also like to write Chinese characters.

4. 其实
其實

qíshí

in fact; actually

1. 大家都说中文很难，其实中文不难。

   大家都説中文很難，其實中文不難。

   People say that Chinese is very difficult. In fact, it is not difficult at all.

2. 有人说大学学习很忙，其实我觉得不忙。

   有人説大學學習很忙，其實我覺得不忙。

   People say that studying in college is very busy, actually, I don't feel that busy at all.

3. 贵的东西其实不一定好。

   貴的東西其實不一定好。

   In fact, expensive things are not necessarily good.

5. 从

從

cóng

from

1. 因为许多汉字可以从偏旁上看出它们的意思，所以有时候你会觉得不难。

因為許多漢字可以從偏旁上看出它們的意思，所以有時候你會覺得不難。

Because you can make out the meaning of many Chinese characters from their radicals, therefore, sometimes you feel they are not difficult.

2. 从考试成绩上可以知道他学习好不好。

從考試成績上可以知道他學習好不好。

From the grade of exams, you can tell whether he's doing well in his studies or not.

3. 从书上可以找到答案。

從書上可以找到答案。

You can find the answer from the book.

6. 差不多

差不多

chàbuduō

almost

◆ It is usually followed by a verb, an adverb or a numeral + measure word.

1. 中文字典差不多都是用拼音排列的。

中文字典差不多都是用拼音排列的。

Most Chinese dictionaries are arranged in the alphabetical order of Pinyin.

2. 老师讲的话我差不多都能听懂。

老師講的話我差不多都能聽懂。

I can understand almost all of what the teacher says.

3. 我们差不多一个星期听写一次汉字。

我們差不多一個星期聽寫一次漢字。

We have Chinese character dictation about once a week.

7. 虽然……
但是/可是
雖然……
但是/可是

suīrán...dànshì/kěshì

although... (but)

◆ "虽然……但是/可是" indicates the admission of a fact in the first clause, but it does not change the truth of the second clause. "虽然" can be put before or after the subject, but "但是/可是" should be put at the beginning of the second clause only.

1. 汉字虽然很多，但是常用字只有三千五百个。

   漢字雖然很多，但是常用字只有三千五百個。

   Although there are many Chinese characters, only 3,500 of them are commonly used.

2. 虽然我学了三年中文，可是我看不懂中文书。

   雖然我學了三年中文，可是我看不懂中文書。

   Although I've been studying Chinese for three years, I can't read Chinese books.

3. 汉字虽然不是用字母拼写的，但是我觉得不太难。

   漢字雖然不是用字母拼寫的，但是我覺得不太難。

   Although Chinese characters are not spelled alphabetically, I don't feel that they are difficult.

汤姆学中文

汤姆是大学三年级的学生，他的女朋友叫赵小燕，是从北京来的。小燕不但漂亮，而且很聪明。

汤姆很喜欢中国。明年暑假他要和小燕一起去北京看长城，还要去见小燕的爸爸、妈妈，所以汤姆想学一点儿中文。可是汤姆觉得中文不好学，他听说中文和西方的语言完全不一样，汉字不是用字母拼写的，汉字的发音很难，而且因为汉字笔划很多，所以写的时候也不容易。

汤姆知道学习任何一种语言都要学听、说、读、写四个部分，但是他不想花很多时间去学中文。他问赵小燕能不能只学习听中文，不学说话，不学读书，也不学写汉字。

小燕说："不可以。明年暑假你要去北京见我爸爸、妈妈，那时候他们一定会问你很多问题。比方说：你喜欢不喜欢我？爱不爱我？你只会听，不会说，怎么能回答他们的问题呢？"

汤姆说："嘿！这不难。进了你们家以后，我就不停地笑。你爸爸、妈妈问我问题，我同意的都点头，不同意的就摇头。"

赵小燕说："那不行，他们一定会问你为什么爱我？你为什么要和我结婚？你怎么办？"

汤姆："啊？！……"

湯姆學中文

湯姆是大學三年級的學生，他的女朋友叫趙小燕，是從北京來的。小燕不但漂亮，而且很聰明。

湯姆很喜歡中國。明年暑假他要和小燕一起去北京看長城，還要去見小燕的爸爸、媽媽，所以湯姆想學一點兒中文。可是湯姆覺得中文不好學，他聽說中文和西方的語言完全不一樣，漢字不是用字母拼寫的，漢字的發音很難，而且因為漢字筆劃很多，所以寫的時候也不容易。

湯姆知道學習任何一種語言都要學聽、說、讀、寫四個部分，但是他不想花很多時間去學中文。他問趙小燕能不能只學習聽中文，不學說話，不學讀書，也不學寫漢字。

小燕說："不可以。明年暑假你要去北京見我爸爸、媽媽，那時候他們一定會問你很多問題。比方說：你喜歡不喜歡我？愛不愛我？你只會聽，不會說，怎麼能回答他們的問題呢？"

湯姆說："嘿！這不難。進了你們家以後，我就不停地笑。你爸爸、媽媽問我問題，我同意的都點頭，不同意的就搖頭。"

趙小燕說："那不行，他們一定會問你為什麼愛我？你為什麼要和我結婚？你怎麼辦？"

湯姆："啊？！……"

1	汤姆　湯姆	tāngmu	*prn.*	name of a person: Tom
2	三年级　三年級	sānniánjí	*n.*	third year in school
3	赵小燕　趙小燕	zhào xiǎoyàn	*prn.*	name of a person
4	燕　燕	yàn	*n.*	swallow (bird)
5	漂亮　漂亮	piàoliang	*adj.*	pretty
6	聪明　聰明	cōngming	*adj.*	intelligent; smart
7	喜欢　喜歡	xǐhuān	*v.*	like
8	暑假　暑假	shǔjià	*n.*	summer vacation
9	长城　長城	chángchéng	*prn.*	The Great Wall
10	听说　聽説	tīngshuō	*v.*	heard (of); be told (of)
11	西方　西方	xīfāng	*n.*	Western
12	完全　完全	wánquán	*adv.*	entirely; totally
13	笔划　筆劃	bǐhuà	*n.*	strokes of a Chinese character
14	部分　部分	bùfen	*n.*	part
15	花　花	huā	*v.*	spend
16	父母　父母	fùmǔ	*n.*	parents
17	比方说　比方説	bǐfāngshuō	*v.*	for example, 同 " 例如 "
18	嘿　嘿	hēi	*int.*	hey
19	不停地　不停地	bùtíng de	*adv.*	ceaselessly; continuously
20	同意　同意	tóngyì	*v.*	agree with
21	点头　點頭	diǎntóu	*v.*	nod
22	摇头　搖頭	yáotóu	*v.*	shake one's head
23	不行　不行	bùxíng	*v.*	not okay; not doable
24	结婚　結婚	jiéhūn	*v.*	marry
25	怎么办　怎麼辦	zěnmebàn	*ce.*	what's to be done? what can one do?

问题 / 問題　Questions

1. 汤姆为什么要学中文？
   湯姆為什麼要學中文？

2. 汤姆想怎样学中文？
   湯姆想怎樣學中文？

3. 赵小燕的父母会问汤姆哪些问题？
   趙小燕的父母會問湯姆哪些問題？

4. 汤姆想怎样回答小燕父母的问题？
   湯姆想怎樣回答小燕父母的問題？

5. 为什么说汤姆不可以只学听中文？
   為什麼說湯姆不可以只學聽中文？

世界上使用人数最多的语言 / 世界上使用人數最多的語言
The Languages Spoken by the Largest Number of People in the World

	名称　名稱	拼音　拼音	英文　英文	使用人口（亿） 使用人口（億）	占世界人口总数比例 (%) 占世界人口總數比例 (%)
1	汉语　漢語	hànyǔ	Chinese	11.97	15.22
2	西班牙语　西班牙語	xībānyáyǔ	Spanish	4.22	4.88
3	英语　英語	yīngyǔ	English	3.31	4.68
4	阿拉伯语　阿拉伯語	ālābóyǔ	Arabic	2.11	3.12
5	印地语　印地語	yìndìyǔ	Hindi	1.86	2.74
6	葡萄牙语　葡萄牙語	pútáoyáyǔ	Portuguese	1.82	2.69
7	孟加拉语　孟加拉語	mèngjiālāyǔ	Bengalese	1.75	2.59
8	俄语　俄語	éyǔ	Russian	1.49	2.2
9	日语　日語	rìyǔ	Japanese	1.25	1.85
10	德语　德語	déyǔ	German	0.97	1.44

世界上使用人数最多的第二语言 / 世界上使用人數最多的第二語言
The Most Commonly Used Second Languages in the World

	名称　名稱	拼音　拼音	英文　英文	使用人口 (亿) 使用人口 (億)
1	法语　法語	fǎyǔ	French	1.9
2	英语　英語	yīngyǔ	English	1.5
3	俄语　俄語	éyǔ	Russian	1.25
4	葡萄牙语　葡萄牙語	pútáoyáyǔ	Portuguese	0.28
5	阿拉伯语　阿拉伯語	ālābóyǔ	Arabic	0.21
6	西班牙语　西班牙語	xībānyáyǔ	Spanish	0.2
7	汉语　漢語	hànyǔ	Chinese	0.2
8	德语　德語	déyǔ	German	0.09
9	日语　日語	rìyǔ	Japanese	0.08

汉字是怎样产生的？
漢字是怎樣產生的？
How are Chinese Characters Created?

学习大纲和学习目标

通过学习本课，学生应该能够：

1. 掌握这些句型和词语的意思和用法：
   1）如果 / 要是……那么 / 就
   2）V 下来
   3）A 跟 B 有关系
   4）照着
   5）由……组成
   6）除了……以外
   7）还（是）
2. 认识和运用课文以及阅读文章中的生词。
3. 了解汉字产生的原因和时间。
4. 了解并简单描述汉字偏旁的含义及其作用。

學習大綱和學習目標

通過學習本課，學生應該能夠：

1. 掌握這些句型和詞語的意思和用法：
    1）如果 / 要是……那麼 / 就
    2）V 下來
    3）A 跟 B 有關係
    4）照著
    5）由……組成
    6）除了……以外
    7）還（是）
2. 認識和運用課文以及閱讀文章中的生詞。
3. 瞭解漢字產生的原因和時間。
4. 瞭解並簡單描述漢字偏旁的含義及其作用。

Study Outline and Objectives

After studying this chapter, students should:

1. Have a good command of the meaning and usage of these sentence patterns and terms:
    1) rúguǒ/yàoshì... nàme jiù (if...then)
    2) V xiàlái (directional complement)
    3) A gēn B yǒu guānxi (A is related to B; A has something to do with B)
    4) zhàozhe (according to; in accordance with)
    5) yóu...zǔchéng (be made of; consist of)
    6) chúle...(yǐwài) (in addition to; besides)
    7) hái (shi) (still)
2. Be familiar with the meaning and usage of the vocabulary introduced in the text and reading.
3. Understand when and how Chinese characters were created.
4. Understand and briefly describe the meaning and the function of the radical of Chinese characters.

汉字是怎样产生的？

汉字是什么时候产生的？汉字是怎么产生的？很多学中文的人都会问这样的问题。

汉字产生的时间大概是在4500年前，我们现在能见到的最早的汉字，是3400年前商朝晚期的甲骨文。

甲骨文是刻写在龟甲和牛骨上的文字。商朝人很迷信，生活中如果有了问题，他们就会用占卜的方法去问上帝。占卜的时候要用龟甲和牛骨，占卜以后把占卜的事情刻写在龟甲和牛骨上。因为龟甲和牛骨不容易腐烂，所以上面的文字就保留了下来。

汉字产生跟图画有关系，汉字最早是照着物体的样子画出来的，那时候的汉字就像是一幅幅的画儿。例如：甲骨文的"人"像人的样子，"马"像马的样子，"木"像一棵大树的样子。"休"由"人"和"木"组成，意思是人在树下休息。字典的"典"由"册"和"手"组成，意思是双手捧着一本册子。"册"是用竹片做的书，商朝人也在竹片上写字，因为时间太久，竹片腐烂了，所以竹片上的文字没有保留下来。

以前世界上有四大古文字，除了中国的甲骨文以外，还有苏美尔文字、古埃及文字、玛雅文字，现在只有汉字保留了下来，汉字是世界上唯一使用了3000多年，现在还在使用的文字。

人　馬　木　休　冊　手　典

漢字是怎樣產生的？

漢字是什麼時候產生的？漢字是怎麼產生的？很多學中文的人都會問這樣的問題。

漢字產生的時間大概是在4500年前，我們現在能見到的最早的漢字，是3400年前商朝晚期的甲骨文。

甲骨文是刻寫在龜甲和牛骨上的文字。商朝人很迷信，生活中如果有了問題，他們就會用占卜的方法去問上帝。占卜的時候要用龜甲和牛骨，占卜以後把占卜的事情刻寫在龜甲和牛骨上。因為龜甲和牛骨不容易腐爛，所以上面的文字就保留了下來。

漢字產生跟圖畫有關係，漢字最早是照著物體的樣子畫出來的，那時候的漢字就像是一幅幅的畫兒。例如：甲骨文的"人"像人的樣子，"馬"像馬的樣子，"木"像一棵大樹的樣子。"休"由"人"和"木"組成，意思是人在樹下休息。字典的"典"由"冊"和"手"組成，意思是雙手捧著一本冊子。"冊"是用竹片做的書，商朝人也在竹片上寫字，因為時間太久，竹片腐爛了，所以竹片上的文字沒有保留下來。

以前世界上有四大古文字，除了中國的甲骨文以外，還有蘇美爾文字、古埃及文字、瑪雅文字，現在只有漢字保留了下來，漢字是世界上唯一使用了3000多年，現在還在使用的文字。

人　　馬　　木　　休　　冊　　手　　典

生词
生詞
New Words

1	产生	產生	chǎnshēng	v.	produce; generate
2	大概	大概	dàgài	adv.	probably; about
3	商朝	商朝	shāngcháo	prn.	Shang Dynasty
4	早（晚）期 早（晚）期		zǎo (wǎn) qī	n.	early (late) stage/period
5	甲骨文 甲骨文		jiǎgǔwén	n.	inscriptions on bones or tortoise shells of the Shang Dynasty (1600 B.C.—1046 B.C.)
6	刻写	刻寫	kèxiě	v.	inscribe, carve
7	龟甲	龜甲	guījiǎ	n.	tortoise shells
8	牛骨	牛骨	niúgǔ	n.	ox bones
9	迷信	迷信	míxìn	v./n./adj.	(to be) superstitious, superstition
10	生活	生活	shēnghuó	v./n.	live; life
11	占卜	占卜	zhānbǔ	v.	practice divination; divine
12	方法	方法	fāngfǎ	n.	way; method
13	上帝	上帝	shàngdì	prn	God
14	腐烂	腐爛	fǔlàn	v.	decompose
15	保留	保留	bǎoliú	v.	keep; preserve
16	图画	圖畫	túhuà	n.	drawing; picture
17	物体	物體	wùtǐ	n.	object
18	样子	樣子	yàngzi	n.	appearance; form; shape
19	像	像	xiàng	v.	take after; look like; be same or similar in image
20	幅	幅	fú	m.	measure word for paintings and pictures
21	典	典	diǎn	n.	standarized text (e.g. dictionary)
22	册	冊	cè	n.	volume; book
23	捧	捧	pěng	v.	hold in both hands

24	竹片　竹片	zhúpiàn	n.	bamboo chip
25	久　久	jiǔ	adj.	for a long time
26	古文字 古文字	gǔwénzì	n.	ancient writing
27	苏美尔文字 蘇美爾文字	sūměiěrwénzì	prn	Sumerian writing
28	古埃及文字 古埃及文字	gǔāijíwénzì	prn	Ancient Egyptian writing
29	玛雅文字 瑪雅文字	mǎyǎwénzì	prn	Mayan writing
30	使用　使用	shǐyòng	v.	use
31	唯一　唯一	wéiyī	adj.	sole; only; unique

语法和词语注释 / 語法和詞語注釋
Grammar and Words/Phrases Notes

1. 如果 / 要是
…… 那么 / 就
如果 / 要是
…… 那麼 / 就

rúguǒ / yàoshì
…nàme / jiù

if…(then)

◆ "如果 / 要是 …… 那么 / 就" connects the conditional clause with the result or suggestion clause in a sentence.

1. 在生活中如果有了问题，他们就会用占卜的方法去问上帝。

在生活中如果有了問題，他們就會用占卜的方法去問上帝。

If they have problems in their lives, then they will use divinations to ask God about it.

2. 在学习中如果有问题我就会去问老师。

在學習中如果有問題我就會去問老師。

I would ask the teacher if I have problems in my study.

3. 如果你不学中文，你就不会唱中文的卡拉OK。

如果你不學中文，你就不會唱中文的卡拉OK。

If you don't learn Chinese, you can't sing Chinese karaoke.

2. V 下来
V 下來

V xiàlái

directional complement

◆ "下来" is used after a verb, it indicates the continuation of an activity from the past until the present.

1. 因为龟甲和牛骨不容易腐烂，所以上面的文字就保留了下来。

因為龜甲和牛骨不容易腐爛，所以上面的文字就保留了下來。

Because tortoise shells and ox bones do not easily decompose, therefore the characters on those shells and bones were retained.

2. 竹片腐烂了，所以竹片上的文字没有保留下来。

竹片腐爛了，所以竹片上的文字沒有保留下來。

Bamboo chips decompose, so the characters on bamboo chips were not preserved.

3. 世界上四大古文字只有汉字保留了下来，今天还在使用。

世界上四大古文字只有漢字保留了下來，今天還在使用。

Of the four major ancient texts in the world, only Chinese is retained and used today.

3. A跟B有关系
**　A跟B有關係**

A gēn B yǒuguānxi

A is related to B;
A has something to
do with B

1. 汉字的产生跟图画有关系。

汉字的產生跟圖畫有關係。

The generation of Chinese characters is related to drawing pictures.

2. 他成绩不好跟不做作业有关系。

他成績不好跟不做作業有關係。

His bad grades are related to not doing homework.

3. SAT 的成绩跟上大学有关系。

SAT 的成績跟上大學有關係。

SAT scores has something to do with one's college entrance.

4. 照着
**　照著**

zhàozhe

according to;
in accordance with

1. 汉字最早是照着物体的样子画出来的。

漢字最早是照著物體的樣子畫出來的。

The earliest Chinese characters were drawn according to the shape of the objects.

2. 小张照着书上的句子做练习。

小張照著書上的句子做練習。

Xiao Zhang did the exercises in accordance with the sentences of the book.

3. 照着旧衣服的样子做一件新衣服。

照著舊衣服的樣子做一件新衣服。

Making new clothes according to the style of the old clothes.

5. 由 …… 组成
由 …… 組成

yóu... zǔchéng

be made of; consist of

◆ "由 …… 组成" introduces the components, sources or materials that the objects are made of.

1. "休"字由"人"和"木"组成。

"休"字由"人"和"木"組成。

The character "休" is made of the characters "人" and "木".

2. 水是由氧气和氢气组成的。

水是由氧氣和氫氣組成的。

Water is made up of oxygen and hydrogen.

3. 电脑是由硬件和软件组成的。

電腦是由硬件和軟件組成的。

A computer consists of both hardware and software.

6. 除了 …… (以外)
除了 …… (以外)

chúle... (yǐwài)

in addition to; besides

◆ When "除了 …… (以外)" is followed by "还" or "也" in the second clause, it is equivalent to "in addition to" or "besides" in English.

1. 世界上有四大古文字，除了中国汉字以外，还有苏美尔文字、古埃及文字和玛雅文字。

世界上有四大古文字，除了中國漢字以外，還有蘇美爾文字、古埃及文字和瑪雅文字。

There are four ancient writings in the world. In addition to Chinese characters, there are the Sumerian text, the Ancient Egyptian text and the Mayan writings.

2. 他除了认识黄老师以外，还认识张老师。

他除了認識黃老師以外，還認識張老師。

Besides Professor Huang, he also knows Professor Zhang.

3. 学生们除了写汉字以外，也要读课文。

學生們除了寫漢字以外，也要讀課文。

In addition to writing Chinese characters, students also need to read the text.

◆ But when "以外" is followed by "都", it indicates an exception.

4. 我除了这个字以外，别的字都认识。

我除了這個字以外，別的字都認識。

I recognize all of the other characters, except for this character.

5. 除了黄老师以外，别的中文老师我都认识。

除了黃老師以外，別的中文老師我都認識。

I know all of the other Chinese professors except for Professor Huang.

6. 除了黄老师以外，别的中文老师我都不认识。

除了黃老師以外，別的中文老師我都不認識。

I didn't know any of the other Chinese professors except for Professor Huang.

7. 还(是)
還(是)

hái (shì)

in addition to; besides

◆ "还(是)" indicates the situation or action will not be changed by the preceding condition.

1. 汉字是世界上唯一使用了3000多年，现在还在使用的文字。

漢字是世界上唯一使用了3000多年，現在還在使用的文字。

Chinese character is the only writing system that has been used for more than 3,000 years and it is still used today in the world.

2. 半夜了，他还在学习。

半夜了，他還在學習。

It's already midnight, and he is still studying.

3. 十年没有见了，她还是住在以前的地方。

十年沒有見了，她還是住在以前的地方。

I have not seen her for ten years, but she is still living in the same place.

4. 今天老师讲的语法很清楚，可是我还是有些不懂。

今天老師講的語法很清楚，可是我還是有些不懂。

The professor explained the grammar very clearly today, but I still have a little trouble understanding it.

汉字的偏旁

汉字最早是照着物体的形状画出来的，那时候汉字就像一幅幅的画儿。例如："女"，画做女人的样子；"子"，画做小孩子的样子；"月"，画做月亮的形状；"日"，画做太阳的形状。

后来，这些字和别的字组成了新字，例如："女"和"子"组成了"好"，意思是女人有孩子就好。"日"和"月"组成了"明"，意思是明亮。人们把这种可以组成新字的字叫做偏旁。

偏旁除了表示意思以外，还表示读音，表示意思的叫形旁，表示读音的叫声旁。绝大多数汉字是由形旁和声旁组成的，例如："妈"是由"女"和"马"组成，"女"表示女人，"马"表示读音。"筷"是由"竹"和"快"组成，"竹"表示竹子，"快"表示读音。

学习汉字偏旁很重要，我们可以从字的形旁上看出这个字跟什么有关系。例如：黄河的"河"、眼泪的"泪"有"水"字旁，它们跟水有关系；抓人的"抓"、打仗的"打"有"手"字旁，它们跟手有关系。

我们也可以从声旁上念出它的读音。例如：湖水的"湖"、糊涂的"糊"、烧糊的"糊"、蝴蝶的"蝴"，这些字都有"胡"字旁，它们都念"胡 hú"。

女　　子　　好　　日　　月　　明

漢字的偏旁

漢字最早是照著物體的形狀畫出來的，那時候漢字就像一幅幅的畫兒。例如："女"，畫做女人的樣子；"子"，畫做小孩子的樣子；"月"，畫做月亮的形狀；"日"，畫做太陽的形狀。

後來，這些字和別的字組成了新字，例如："女"和"子"組成了"好"，意思是女人有孩子就好。"日"和"月"組成了"明"，意思是明亮。人們把這種可以組成新字的字叫做偏旁。

偏旁除了表示意思以外，還表示讀音，表示意思的叫形旁，表示讀音的叫聲旁。絕大多數漢字是由形旁和聲旁組成的，例如："媽"是由"女"和"馬"組成，"女"表示女人，"馬"表示讀音。"筷"是由"竹"和"快"組成，"竹"表示竹子，"快"表示讀音。

學習漢字偏旁很重要，我們可以從字的形旁上看出這個字跟什麼有關係。例如：黃河的"河"、眼淚的"淚"有"水"字旁，它們跟水有關係；抓人的"抓"、打仗的"打"有"手"字旁，它們跟手有關係。

我們也可以從聲旁上念出它的讀音。例如：湖水的"湖"、糊塗的"糊"、燒糊的"糊"、蝴蝶的"蝴"，這些字都有"胡"字旁，它們都念"胡hú"。

女　　　子　　　好　　　日　　　月　　　明

1	形状　形狀	xíngzhuàng	*n.*	appearance; form; shape
2	月亮　月亮	yuèliang	*n.*	the moon
3	太阳　太陽	tàiyáng	*n.*	the sun
4	明亮　明亮	míngliàng	*adj.*	bright
5	叫做　叫做	jiàozuò	*v.*	to be addressed as
6	表示　表示	biǎoshì	*v.*	show; express; indicate
7	读音　讀音	dúyīn	*n.*	pronunciation
8	形旁　形旁	xíngpáng	*n.*	semantic element of a character
9	声旁　聲旁	shēngpáng	*n.*	phonetic element of a character
10	绝大多数 絕大多數	juédàduōshù	*n.*	the vast majority
11	筷　筷	kuài	*n.*	chopsticks
12	重要　重要	zhòngyào	*adj,*	important
13	黄河　黃河	huánghé	*prn.*	The Yellow River
14	眼泪　眼淚	yǎnlèi	*n.*	tears
15	抓　抓	zhuā	*v.*	grab; seize; catch
16	打仗　打仗	dǎzhàng	*v.*	go to a war
17	湖　湖	hú	*n.*	lake
18	糊涂　糊塗	hútu	*adj.*	confused; bewildered
19	烧　燒	shāo	*v.*	burn
20	糊　糊	hú	*v.*	(of food) burnt
21	蝴蝶　蝴蝶	húdié	*n.*	butterfly
22	胡　胡	hú	*n.*	a family name

1. 什么是形旁？什么是声旁？
   什麼是形旁？什麼是聲旁？

2. 学汉字为什么一定要知道偏旁？
   學漢字為什麼一定要知道偏旁？

3. "妈"字是由什么偏旁组成的？
   "媽"字是由什麼偏旁組成的？

4. 你怎么知道眼泪的"泪"和黄河的"河"跟水有关系？
   你怎麼知道眼淚的"淚"和黃河的"河"跟水有關係？

5. 蝴蝶的"蝴"、糊涂的"糊"的声旁是什么？
   蝴蝶的"蝴"、糊塗的"糊"的聲旁是什麼？

Appendix One

汉字形体演变表 / 漢字形體演變表
Examples of Chinese Characters' Evolution

	好/好	马/馬	鱼/魚	车/車	母/母	虎/虎	龟/龜
甲骨文 / 甲骨文							
铜器铭文 / 銅器銘文							
小篆 / 小篆							
隶书 / 隸書							
草书 / 草書							
行书 / 行書							
楷书 / 楷書							
简化字 / 簡化字	好	马	鱼	车	母	虎	龟

汉字偏旁表 / 漢字偏旁表
Examples of Chinese Radicals

冫	两点水 liǎngdiǎnshuǐ ice	冰 bīng ice	冷 lěng cold	寒 hán cold	冻 dòng freeze
氵	三点水 sāndiǎnshuǐ water	洗 xǐ wash	河 hé river	汗 hàn sweat	泪 lèi tear
雨	雨字头 yǔzìtóu rain	雪 xuě snow	雾 wù fog	雷 léi thunder	霜 shuāng frost
艹	草字头 cǎozìtóu grass	草 cǎo grass	花 huā flower	芳 fāng fragrant	蕊 ruǐ stamen
竹	竹字头 zhúzìtóu bamboo	篮 lán basket	笔 bǐ pen	竿 gān pole	筷 kuài chopsticks
扌	提手旁 tíshǒupáng hand	打 dǎ hit	拉 lā pull	推 tuī push	抓 zhuā catch
衤	衣字旁 yīzìpáng cloth	被 bèi quilt	裤 kù pants	袜 wà socks	裙 qún skirt
口	口字旁 kǒuzìpáng mouth	唱 chàng sing	喝 hē drink	吃 chī eat	吹 chuī blow
言	言字旁 yánzìpáng speech	课 kè class	说 shuō say	讲 jiǎng say	话 huà talk
心	心字旁 xīnzìpáng heart	想 xiǎng think	忘 wàng forget	愁 chóu worry	怒 nù angry
钅	钅字旁 jīnzìpáng metals	铁 tiě iron	铜 tóng copper	针 zhēn needle	锨 xiān shovel
土	土字旁 tǔzìpáng soil	地 dì land	埋 mái bury	墙 qiáng wall	墓 mù grave
辶	走之旁 zǒuzhīpáng walk	进 jìn come	过 guò pass	远 yuǎn far	近 jìn near
疒	病字旁 bìngzìpáng sick	疼 téng pain	瘦 shòu thin	疯 fēng crazy	疤 bā scar
宀	宝盖头 bǎogàitóu house	家 jiā home	室 shì room	安 ān safe	寒 hán cold

03

chángchéng

长城
長城

The Great Wall

通过学习本课，学生应该能够：

1. 掌握这些句型和词语的意思和用法：
    1）为了
    2）V 起来
    3）只要……就
    4）被
    5）"以后"和"后来"
    6）当……时候
    7）不管……都
2. 认识和运用课文以及阅读文章内的生词。
3. 了解并简单叙述建造长城的原因和经过。
4. 简单了解"大运河"的历史。

學習大綱和學習目標

通過學習本課，學生應該能夠：

1. 掌握這些句型和詞語的意思和用法：
   1) 為了
   2) V 起來
   3) 只要 …… 就
   4) 被
   5) "以後" 和 "後來"
   6) 當 …… 時候
   7) 不管 …… 都
2. 認識和運用課文以及閱讀文章內的生詞。
3. 瞭解並簡單敘述建造長城的原因和經過。
4. 簡單瞭解 "大運河" 的歷史

Study Outline and Objectives

After studying this chapter, students should:

1. Have a good command of the meaning and usage of these sentence patterns and terms:
   1) wèile (for the purpose of; in order to)
   2) V qǐlái (directional complement)
   3) zhǐyào... jiù (if only; as long as; provided that)
   4) bèi (used in a passive sentence to introduce the subject is the object of the action)
   5) "yǐhòu" and "hòulái" (after; later; afterwards)
   6) dāng ... shíhou (when)
   7) bùguǎn ... dōu (no matter what/who/which/where/when/how)
2. Be familiar with the meaning and usage of the vocabulary introduced in the text and reading.
3. Understand and narrate why and how the Great Wall was built.
4. Understand some of the history of the Grand Canal.

长城

长城很长，从东边的山海关到西边的嘉峪关，有一万七千七百多里；长城的历史也很长，从战国时期到现在，差不多有两千五百多年。

战国时期，中国分裂成许多小国家，这些小国家常常打仗。他们为了防止别的国家侵略，就在自己的边界上修建了城墙。

秦始皇统一中国以后，建立了秦朝。秦始皇为了阻挡北方少数民族的侵略，就把以前那些小国家的城墙连起来，并且修建了一些新的城墙，这就是中国最早的长城。

人们只要说到长城，就一定会说到秦始皇，说秦始皇修长城害死了很多人。那时候有一个民间故事叫"孟姜女哭长城"。

这个故事说，有一个叫孟姜女的人，她结婚的第二天，丈夫就被秦始皇抓去修长城了。后来，当孟姜女去给丈夫送冬天衣服的时候，发现丈夫早已经累死了，并且被埋在长城的底下。孟姜女伤心地哭啊、哭啊，最后把长城哭倒了一大段。

秦朝以后，许多朝代也都修建过长城，现在我们看到的长城很多都是明朝修建的，例如：北京的八达岭长城，司马台长城等。

长城有一万多里长，所以也叫做"万里长城"。今天，长城很有名、很伟大，她是中国人的骄傲。世界上不管哪个国家的人，只要去过中国，就都知道中国的万里长城。

長城

長城很長，從東邊的山海關到西邊的嘉峪關，有一萬七千七百多里；長城的歷史也很長，從戰國時期到現在，差不多有兩千五百多年。

戰國時期，中國分裂成許多小國家，這些小國家常常打仗。他們為了防止別的國家侵略，就在自己的邊界上修建了城牆。

秦始皇統一中國以後，建立了秦朝。秦始皇為了阻擋北方少數民族的侵略，就把以前那些小國家的城牆連起來，並且修建了一些新的城牆，這就是中國最早的長城。

人們只要說到長城，就一定會說到秦始皇，說秦始皇修長城害死了很多人。那時候有一個民間故事叫"孟姜女哭長城"。

這個故事說，有一個叫孟姜女的人，她結婚的第二天，丈夫就被秦始皇抓去修長城了。後來，當孟姜女去給丈夫送冬天衣服的時候，發現丈夫早已經累死了，並且被埋在長城的底下。孟姜女傷心地哭啊、哭啊，最後把長城哭倒了一大段。

秦朝以後，許多朝代也都修建過長城，現在我們看到的長城很多都是明朝修建的，例如：北京的八達嶺長城，司馬台長城等。

長城有一萬多里長，所以也叫做"萬里長城"。今天，長城很有名、很偉大，她是中國人的驕傲。世界上不管哪個國家的人，只要去過中國，就都知道中國的萬里長城。

1	山海关　山海關	shānhǎiguān	*prn.*	Shanhai Pass of the Great Wall
2	嘉峪关　嘉峪關	jiāyùguān	*prn.*	Jiayu Pass of the Great Wall
3	里　里	lǐ	*m.*	Chinese unit of length (=1/2 kilometer)
4	战国时期 戰國時期	zhànguó shíqī	*prn.*	Warring States period (475 B.C.–221 B.C.)
5	分裂　分裂	fēnliè	*v.*	split; divide
6	防止　防止	fángzhǐ	*v.*	prevent; avoid
7	侵略　侵略	qīnlüè	*v.*	invade
8	边界　邊界	biān jiè	*n.*	boundary; border
9	修建　修建	xiūjiàn	*v.*	construct; build
10	城墙　城牆	chéngqiáng	*n.*	city wall
11	秦始皇　秦始皇	qínshǐhuáng	*prn.*	The First Emperor of the Qin dynasty (259 B.C.–210 B.C.)
12	统一　統一	tǒngyī	*v.*	unify
13	建立　建立	jiànlì	*v.*	establish
14	秦朝　秦朝	qíncháo	*prn.*	Qin Dynasty (221 B.C.–207 B.C.)
15	阻挡　阻擋	zǔdǎng	*v.*	stop; block
16	少数民族 少數民族	shǎoshù mínzú	*n.*	ethnic minority
17	并且　並且	bìngqiě	*conj.*	moreover; furthermore
18	害死　害死	hàisǐ	*v.*	kill; cause someone's death
19	民间故事 民間故事	mínjiān gùshi	*n.*	folktale
20	孟姜女　孟姜女	mèng jiāngnǚ	*prn.*	name of a person
21	发现　發現	fāxiàn	*v.*	find out; discover
22	埋　埋	mái	*v.*	bury

23	底下　底下	dǐxia	*n.*	under
24	伤心　傷心	shāngxīn	*adj.*	sad; grieved
25	倒　倒	dǎo	*v.*	fall
26	段　段	duàn	*m.*	section
27	朝代　朝代	cháodài	*n.*	dynasty
28	明朝　明朝	míngcháo	*prn.*	Ming Dynasty (1368–1644)
29	八达岭　八達嶺	bādálǐng	*prn.*	the Badaling section of the Great Wall
30	司马台　司馬台	sīmǎtái	*prn.*	the Simatai fort of the Great Wall
31	伟大　偉大	wěidà	*adj.*	great
32	骄傲　驕傲	jiāo'ào	*n./adj.*	pride; proud

1. 为了
為了

wèile

for the purpose of;
in order to

◆ "为了" introduces the purpose or goal of an action. It can introduce the purpose before the action, but when it follows "是", it introduces the purpose after action.

1. 为了防止别的国家侵略，就在自己的边界修建了城墙。

   為了防止別的國家侵略，就在自己的邊界修建了城牆。

   In order to prevent invasions from other countries, they built city walls around their own borders.

2. 为了去中国看长城，我今年开始学中文了。

   為了去中國看長城，我今年開始學中文了。

   In order to see the Great Wall of China, I started learning Chinese this year.

3. 为了学好中文，我每天都练习写汉字。

   為了學好中文，我每天都練習寫漢字。

   In order to learn Chinese properly, I practice Chinese characters every day.

4. 我去中国是为了学中文。

   我去中國是為了學中文。

   I went to China for the purpose of studying Chinese.

2. V 起来
V 起來

V qǐlái

directional
complement

◆ "起来" used after a verb to indicate the completion of an action or attainment of a goal.

1. 秦始皇把以前的一些城墙连起来了。

   秦始皇把以前的一些城牆連起來了。

   Qinshihuang linked some of the original walls together.

2. 有些字在句子里和别的字连起来读的时候，声调会有变化。

   有些字在句子裏和別的字連起來讀的時候，聲調會有變化。

   When some characters are read together with other characters in a sentence, their tones will be changed.

3. 我想起来这个字怎么写了。

我想起來這個字怎麼寫了。

I remembered how to write this character.

◆ "起来" is also used after a verb to indicate estimation or venture an opinion.

4. 这个汉字看起来像一幅画。

這個漢字看起來像一幅畫。

This Chinese character looks like a picture.

5. 中文有五个声调，说中文听起来像唱歌。

中文有五個聲調，説中文聽起來像唱歌。

Chinese has five tones, therefore speaking Chinese sounds like singing.

6. 这篇文章读起来很有意思。

這篇文章讀起來很有意思。

The article is very interesting when you read it.

3. 只要……就
只要……就

zhǐyào ... jiù

if only; as long as; provided that

◆ "只要" introduces the necessary condition that brings about a result. It is used in conjunction with "就", which occurs after the subject (if there is one) in the second clause.

1. 人们只要说到长城，就一定会说到秦始皇。

人們只要説到長城，就一定會説到秦始皇。

Whenever people talk about the Great Wall, they will definitely mention Qinshihuang.

2. 我们只要学会三千五百字，就可以看简单的报纸了。

我們只要學會三千五百字，就可以看簡單的報紙了。

As long as we have learned 3,500 characters, we can read simple newspapers.

3. 只要每天来上课，你就可以得一个A。

只要每天來上課，你就可以得一個A。

As long as you come to class every day, you can get an A.

4. 被

被

bèi

(There is no direct translation in English)

◆ "被" is used in a passive sentence to indicate that the subject is the object of the action.

1. 孟姜女的丈夫被秦始皇抓去修长城。

   孟姜女的丈夫被秦始皇抓去修長城。

   Mengjiangnü's husband was taken away by Qinshihuang to build the Great Wall.

2. 我的电脑被我朋友借走了。

   我的電腦被我朋友借走了。

   My computer was borrowed by my friend.

3. 他的手机被爸爸拿走了。

   他的手機被爸爸拿走了。

   His cell phone is taken away by his father.

5. "以后"和"后来"

"以後"和"後來"

"yǐhòu" and "hòulái"

after; later; afterwards

◆ Both "后来" and "以后" refer to after, later or afterwards, but "以后" can be used on its own or after a phrase while "后来" can only be used on its own. "以后" also implies either the past or the future while "后来" only implies the past.

1. 秦始皇统一中国以后，建立了秦朝。

   秦始皇統一中國以後，建立了秦朝。

   After Qinshihuang unified China, he established the Qin Dynasty.

2. 后来，当孟姜女去给丈夫送冬天衣服的时候，发现丈夫早已经累死了。

   後來，當孟姜女去給丈夫送冬天衣服的時候，發現丈夫早已經累死了。

   Later, when Mengjiangnü went to deliver winter clothes to her husband, she found that her husband had already died of exhaustion a long time ago.

3. 以前世界上有四大古文字，后来只有汉字保留了下来，而且到现在还在使用。

   以前世界上有四大古文字，後來只有漢字保留了下來，而且到現在還在使用。

   Before, there were four major ancient written texts in the world. But later, only the Chinese characters were retained and are still in use.

4. 2014年我去日本，以后我又去了中国。

   2014年我去日本，以後我又去了中國。

   I went to Japan in 2014, and later I went to China.

5. 2014年我去日本，后来我又去了中国。

   2014年我去日本，後來我又去了中國。

   I went to Japan in 2014, and later I went to China.

6. 学中文以后，我认识了很多中国朋友。

   學中文以後，我認識了很多中國朋友。

   After studying Chinese, I got to know a lot of Chinese friends.

   （×）学中文后来，我认识了很多中国朋友。

7. 我现在学中文，以后想去中国工作。

   我現在學中文，以後想去中國工作。

   I am learning Chinese now and would like to go to China to work later.

   （×）我现在学中文，后来想去中国工作。

6. 当……时候
**　　當……時候**

dāng ... shíhou

when

1. 当孟姜女去给丈夫送冬天衣服的时候，发现丈夫早已经累死了。

   當孟姜女去給丈夫送冬天衣服的時候，發現丈夫早已經累死了。

   When Mengjiangnü went to deliver winter clothes to her husband, she found that her husband had already died of exhaustion a long time ago.

2. 当我看到不认识的字的时候，就去查字典。

   當我看到不認識的字的時候，就去查字典。

   When I come across unknown characters, I look them up in the dictionary.

3. 今天早上我起床太晚了，当我去教室的时候，老师已经开始上课了。

   今天早上我起床太晚了，當我去教室的時候，老師已經開始上課了。

   I woke up so late this morning, the teacher already started the class when I arrived at the classroom.

7. 不管 …… 都
**　　不管 …… 都**

bùguǎn … dōu

no matter what/who/
which/where/when/how

◆ "不管 …… 都" indicates that no matter what happens, the result of a situation will not change.

1. 不管哪个国家的人，只要去过中国，就都知道中国的长城。

   不管哪個國家的人，只要去過中國，就都知道中國的長城。

   No matter what countries people come from, as long as they have been to China, they all know the Great Wall.

2. 不管是谁，只要是学生就得参加考试。

   不管是誰，只要是學生就得參加考試。

   No matter who you are, as long as you are a student, you have to take the exam.

3. 不管学哪一种语言都很难。

   不管學哪一種語言都很難。

   No matter which language you learn, they are all difficult.

4. 不管你去哪里，都可以看到中国饭馆。

   不管你去哪裏，都可以看到中國飯館。

   No matter where you go, you will see Chinese restaurants.

5. 不管什么时候，你有问题都可以来问我。

   不管什麼時候，你有問題都可以來問我。

   Whenever you have questions, you can ask me.

6. 不管我怎么帮助他，他都学不好。

   不管我怎麼幫助他，他都學不好。

   No matter how I helped him, he could not do well.

大运河

　　不管哪一个国家的人，只要去过中国就都知道中国的长城，长城很有名、很伟大。其实，和长城同样有名、同样伟大的还有大运河。

　　长城是人们用砖一块一块垒起来的，从东到西垒了一万七千七百多里；运河是人们用锹一锹一锹挖出来的，从南到北挖了三千四百多里。

　　最早的运河是春秋时期修建的，后来一些朝代也都修建过运河。到了隋朝，隋朝皇帝为了把各地的粮食和物品运到国都西安，又挖了许多新的河道，并且把它们和以前的河道连起来，这就是中国有名的大运河。

　　古代的人为什么要挖运河呢？这是因为那时候没有汽车，没有火车，也没有飞机，人们的交通运输工具只有马车和船，中国有很多大山，马车上山下山很不方便，所以大家都愿意坐船。

　　可是中国的河流都是从西向东流的，没有从南到北的河流。为了交通方便，人们就挖了一条从南到北的大运河。因为大运河北起北京，南到杭州，所以也叫"京杭大运河"。

　　后来，有了火车和海上运输，大运河的作用就不大了，慢慢地一些河道没有水了，断流了。今天，虽然中国南方有些河道还在使用，河水还在流淌，但是已经没有多少人知道中国这条很有名、很伟大的大运河了。

大運河

不管哪一個國家的人，只要去過中國就都知道中國的長城，長城很有名、很偉大。其實，和長城同樣有名、同樣偉大的還有大運河。

長城是人們用磚一塊一塊疊起來的，從東到西疊了一萬七千七百多里；運河是人們用鍬一鍬一鍬挖出來的，從南到北挖了三千四百多里。

最早的運河是春秋時期修建的，後來一些朝代也都修建過運河。到了隋朝，隋朝皇帝為了把各地的糧食和物品運到國都西安，又挖了許多新的河道，並且把它們和以前的河道連起來，這就是中國有名的大運河。

古代的人為什麼要挖運河呢？這是因為那時候沒有汽車，沒有火車，也沒有飛機，人們的交通運輸工具只有馬車和船，中國有很多大山，馬車上山下山很不方便，所以大家都願意坐船。

可是中國的河流都是從西向東流的，沒有從南到北的河流。為了交通方便，人們就挖了一條從南到北的大運河。因為大運河北起北京，南到杭州，所以也叫"京杭大運河"。

後來，有了火車和海上運輸，大運河的作用就不大了，慢慢地一些河道沒有水了，斷流了。今天，雖然中國南方有些河道還在使用，河水還在流淌，但是已經沒有多少人知道中國這條很有名、很偉大的大運河了。

生词
生詞
New Words

1	大运河　大運河	dàyùnhé	*prn.*	The Grand Canal
2	砖　磚	zhuān	*n.*	brick
3	垒　壘	lěi	*v.*	lay bricks
4	锨　鍁	xiān	*n.*	shovel
5	挖　挖	wā	*v.*	dig
6	春秋时期 春秋時期	chūnqiū shíqī	*prn.*	Spring and Autumn period (770 B.C.–476 B.C.)
7	隋朝　隋朝	suícháo	*prn.*	Sui Dynasty (581–618)
8	皇帝　皇帝	huángdì	*n.*	emperor
9	粮食　糧食	liángshi	*n.*	grain
10	物品　物品	wùpǐn	*n.*	products; goods
11	运　運	yùn	*v.*	transport
12	国都　國都	guódū	*n.*	capital city
13	西安　西安	xī'ān	*prn.*	name of a city in China
14	河道　河道	hédào	*n.*	river course
15	古代　古代	gǔdài	*n.*	ancient times
16	交通　交通	jiāotōng	*n.*	transportation; traffic
17	运输　運輸	yùnshū	*n./v.*	transportation; transport
18	工具　工具	gōngjù	*n.*	tools
19	马车　馬車	mǎchē	*n.*	horse carriage; horse drawn cart
20	船　船	chuán	*n.*	boat; ship
21	方便　方便	fāngbiàn	*adj.*	convenient
22	愿意　願意	yuànyì	*v.*	willing
23	河流　河流	héliú	*n.*	river
24	向　向	xiàng	*prep.*	towards
25	流　流	liú	*v.*	flow
26	起　起	qǐ	*v.*	start

27	杭州	杭州	*hángzhōu*	*prn.*	name of a city in China
28	作用	作用	*zuòyòng*	*n.*	function
29	断流	斷流	*duànliú*	*v.*	stop flowing
30	流淌	流淌	*liútǎng*	*v.*	flow

北京
通州/通州
天津/天津
仓州/滄州
德州/德州
临清/臨清
聊城/聊城
济宁/濟寧
徐州/徐州
宿迁/宿遷
淮安/淮安
扬州/揚州 镇江/鎮江
常州/常州 无锡/無錫
苏州/蘇州
嘉兴/嘉興
杭州

问题 / 問題 Questions

1. 为什么说大运河和长城同样有名？
   為什麼説大運河和長城同樣有名？

   _____

2. 最早的运河是什么时候修建的？
   最早的運河是什麼時候修建的？

   _____

3. 古时候有哪些交通工具？
   古時候有哪些交通工具？

   _____

4. 为什么要挖从南到北的大运河？
   為什麼要挖從南到北的大運河？

   _____

5. 为什么现在大运河的作用不大了呢？
   為什麼現在大運河的作用不大了呢？

   _____

中国名胜古迹简表 / 中國名勝古蹟簡表
Historical Relics and Sceneries of China

	名称　名稱	拼音　拼音	英文　英文	市/省份 市/省份
1	长城 長城	chángchéng	The Great Wall	Beijing
2	敦煌莫高窟 敦煌莫高窟	dūnhuáng mògāokū	Mogao Grottos	Gansu
3	曲阜孔庙 曲阜孔廟	qūfǔ kǒngmiào	The Temple of Confucius	Shangdong
4	乐山大佛 樂山大佛	lèshān dàfó	The Leshan Giant Buddha	Sichuan
5	大雁塔 大雁塔	dàyàntǎ	Big Wild Goose Pagoda	Shaanxi
6	半坡村 半坡村	bànpōcūn	Banpo Willage Museum	Shaanxi
7	西安碑林 西安碑林	xī'ān bēilín	the Stele Forest	Shaanxi
8	恒山悬空寺 恒山懸空寺	héngshān xuánkōngsì	The Hanging Temple	Shanxi
9	少林寺 少林寺	shàolínsì	The Shaolin Monastery	Henan
10	岳阳楼 岳陽樓	yuèyánglóu	Yueyang Tower	Hunan
11	九寨沟 九寨溝	jiǔzhàigōu	Jiuzhaigou Nature Reserve and National Park	Sichuan
12	苏州园林 蘇州園林	sūzhōu yuánlín	Suzhou Traditional Garden	Jiangsu
13	西湖 西湖	xīhú	West Lake	Zhejiang
14	日月潭 日月潭	rìyuètán	Riyuetan Pool	Taiwan
15	黄山 黃山	huángshān	Huangshan Mountain	Anhui
16	长江三峡 長江三峽	chángjiāng sānxiá	The Three Gorges	Chongqing and Hubei

世界名胜古迹简表 / 世界名勝古蹟簡表
Historical Relics and Sceneries of the World

	名称　名稱	拼音　拼音	英文　英文	国家　國家
1	埃及金字塔 埃及金字塔	āijí jīnzìtǎ	Egyptian Pyramids, Cairo	Egypt
2	罗马竞技场 羅馬競技場	luómǎ jìngjìchǎng	Colosseum, Rome	Italy
3	墨西哥玛雅古迹 墨西哥瑪雅古迹	mòxīgē máyǎgǔjì	Chichen Itza, Yucatán Peninsula	Mexico
4	埃及人面狮身像 埃及人面獅身像	āijí rénmiànshīshēnxiàng	Sphinx, Cairo	Egypt
5	雅典卫城 雅典衛城	yǎdiǎnwèichéng	The Acropolis, Athens	Greece
6	印度泰姬陵 印度泰姬陵	yìndù tàijīlíng	Taj Mahal, Agra	India
7	印度金庙 印度金廟	yìndù jīnmiào	Golden Temple, Amritsar	India
8	柬埔寨吴哥窟 柬埔寨吳哥窟	jiǎnpǔzhài wúgēkū	Angkor Wat, Siem Reap	Cambodia
9	意大利斜塔 意大利斜塔	yìdàlì xiétǎ	Leaning Tower, Pisa	Italy
10	土耳其 伊斯坦堡清真寺 土耳其 伊斯坦堡清真寺	tǔěrqí yīsītánbǎoqīngzhēnsì	Sultanahmet Camii, Istanbul	Turkey
11	巴黎罗浮宫 巴黎羅浮宮	bālí luófúgōng	The Louvre Museum, Paris	France
12	德国科隆大教堂 德國科隆大教堂	déguó kēlóng dàjiàotáng	Cologne Cathedral, Cologne	Germany
13	美国自由女神 美國自由女神	měiguó zìyóunǚshén	Statue of Liberty, New York	USA
14	美国大峡谷 美國大峽谷	měiguó dàxiágǔ	The Grand Canyon, Arizona	USA

zhōngguó de míngchēng

中国的名称
中國的名稱
The Name of China

通过学习本课，学生应该能够：

1. 掌握这些句型和词语的意思和用法：
   1）从 …… 起/开始
   2）"认为"和"以为"
   3）于是
   4）作为
   5）才
   6）改 V
   7）连 …… 也/都/还
2. 认识和运用课文以及阅读文章内的生词。
3. 了解并简单描述中国和中国人的名称是怎么来的。
4. 了解"中国"的英文名称"China"一词的来源。

學習大綱和學習目標

通過學習本課，學生應該能夠：

1. 掌握這些句型和詞語的意思和用法：
   1) 從 …… 起 / 開始
   2) "認為" 和 "以為"
   3) 於是
   4) 作為
   5) 才
   6) 改 V
   7) 連 …… 也 / 都 / 還
2. 認識和運用課文以及閱讀文章內的生詞。
3. 瞭解並簡單描述中國和中國人的名稱是怎麼來的。
4. 瞭解"中國"的英文名稱"China"一詞的來源。

Study Outline and Objectives

After studying this chapter, students should:

1. Have a good command of the meaning and usage of these sentence patterns and terms:
   1) cóng……qǐ/kāishǐ (for the purpose of; in order to)
   2) "rènwéi" and "yǐwéi" (directional complement)
   3) yúshì (if only; as long as; provided that)
   4) zuòwéi (used in a passive sentence to introduce the subject is the object of the action)
   5) cái (after; later; afterwards)
   6) gǎi V (when)
   7) lián……yě/dōu/hái (no matter what/who/which/where/when/how)
2. Be familiar with the meaning and usage of the vocabulary introduced in the text and reading.
3. Understand and narrate the origins of the names for China and the Chinese people.
4. Understand how the word"China"came to be used as the English name for *Zhongguo*.

中国的名称

五千年前，黄河中下游一带有两个原始部落，炎帝部落和黄帝部落。那时候炎帝和黄帝教人们盖房子、种粮食、做衣服。书上说，中国就是从炎帝黄帝那时候开始进入文明社会的。中国人认为炎帝和黄帝是自己的祖先，自己是"炎黄子孙"。

春秋时期，中国人把自己叫做"华夏族"。"华"字像花儿盛开的样子，表示繁荣；"夏"字像一个衣着整洁的人，表示文明。当时华夏族的四周有其他少数民族，那些人的穿着打扮跟华夏族不一样，于是华夏族就用表示繁荣和文明的"华夏"称呼自己。

那时华夏族以为自己居住在大地的中心，于是把自己居住的地方叫做"中华"和"中国"。华夏族是中国最早的民族，今天中国人还说自己是"华人""华夏后裔"。

汉朝是一个非常强大的朝代，从汉朝起，华夏族又把自己叫做"汉族"，把自己的语言和文字叫做"汉语"和"汉字"。

唐朝也是一个很强大的朝代，那时候外国人把中国人叫"唐人"，后来移居到国外的华侨把自己住的那几条街就叫做"唐人街"。

1912年中华民国成立，"中国"作为"中华民国"的简称才正式成为国家的名称。从那时候起，汉族和其他少数民族都叫做中国人。今天人们不但把汉语改叫做"中文"，就连唐人街也改叫做"中国城"了。

中國的名稱

五千年前，黃河中下游一帶有兩個原始部落，炎帝部落和黃帝部落。那時候炎帝和黃帝教人們蓋房子、種糧食、做衣服。書上說，中國就是從炎帝黃帝那時候開始進入文明社會的。中國人認為炎帝和黃帝是自己的祖先，自己是"炎黃子孫"。

春秋時期，中國人把自己叫做"華夏族"。"華"字像花兒盛開的樣子，表示繁榮；"夏"字像一個衣著整潔的人，表示文明。當時華夏族的四周有其他少數民族，那些人的穿著打扮跟華夏族不一樣，於是華夏族就用表示繁榮和文明的"華夏"稱呼自己。

那時華夏族以為自己居住在大地的中心，於是把自己居住的地方叫做"中華"和"中國"。華夏族是中國最早的民族，今天中國人還說自己是"華人""華夏後裔"。

漢朝是一個非常強大的朝代，從漢朝起，華夏族又把自己叫做"漢族"，把自己的語言和文字叫做"漢語"和"漢字"。

唐朝也是一個很強大的朝代，那時候外國人把中國人叫"唐人"，後來移居到國外的華僑把自己住的那幾條街就叫做"唐人街"。

1912年中華民國成立，"中國"作為"中華民國"的簡稱才正式成為國家的名稱。從那時候起，漢族和其他少數民族都叫做中國人。今天人們不但把漢語改叫做"中文"，就連唐人街也改叫做"中國城"了。

生词
生詞
New Words

1	中下游　中下游	zhōngxiàyóu	*n.*	middle and lower reaches of a river
2	一带　一帶	yīdài	*n*	area
3	原始部落 原始部落	yuánshǐ bùluò	*n.*	primitive tribe
4	炎帝黄帝 炎帝黄帝	yándì huángdì	*prn.*	Emperor Yan and Emperor Yellow, legendary rulers of China in remote antiquity
5	盖　蓋	gài	*v.*	build; construct
6	种　種	zhòng	*v.*	seed; grow
7	进入　進入	jìnrù	*v.*	enter; get into
8	文明　文明	wénmíng	*n.*	civilization
9	社会　社會	shèhuì	*n.*	society
10	祖先　祖先	zǔxiān	*n.*	ancestors
11	炎黄子孙 炎黄子孫	yánhuáng zǐsūn	*n.*	descendants of Yandi and Huangdi; the Chinese people
12	华夏　華夏	huáxià	*n.*	an ancient name for China
13	盛开　盛開	shèngkāi	*v.*	be in full bloom
14	繁荣　繁榮	fánróng	*adj.*	prosperous
15	衣着整洁 衣著整潔	yīzhuó zhěngjié	*adj.*	neatly dressed
16	整洁　整潔	zhěngjié	*adj.*	clean and tidy
17	其他　其他	qítā	*pn.*	other
18	穿着打扮 穿著打扮	chuānzhuó dǎbàn	*id.*	way of dress; clothing and apparel
19	打扮　打扮	dǎbàn	*v.*	dress up; put on make up
20	称呼　稱呼	chēnghu	*v.*	call; address
21	居住　居住	jūzhù	*v.*	live in
22	华夏后裔 華夏後裔	huáxià hòuyì	*n.*	Chinese descendants
23	汉朝　漢朝	hàncháo	*prn.*	Han Dynasty (206 B.C.–A.D. 220)
24	强大　强大	qiángdà	*adj.*	strong and powerful

25	唐朝　唐朝	tángcháo	*prn.*	Tang Dynasty (618–907)
26	移居　移居	yíjū	*v.*	migrate
27	华侨　華僑	huáqiáo	*n.*	overseas Chinese; Chinese immigrant
28	唐人街　唐人街	tángrén jiē	*n.*	Chinatown
29	中华民国 中華民國	zhōnghuá mínguó	*prn.*	Republic of China
30	成立　成立	chénglì	*v.*	establish
31	简称　簡稱	jiǎnchēng	*n.*	abbreviation
32	正式　正式	zhèngshì	*adj.*	formal; official
33	成为　成為	chéngwéi	*v.*	turn into; become

语法和词语注释 / 語法和詞語注釋
Grammar and Words/Phrases Notes

1. 从 …… 起 / 开始
從 …… 起 / 開始

cóng……qǐ/kāishǐ

since; from

1. 书上说，中国就是从炎帝和黄帝那时候开始进入文明社会的。

书上说，中国就是从炎帝和黄帝那时候开始进入文明社会的。

According to books, China began to enter into civilized society since the period of the Yan and Yellow Emperors.

2. 从那时候起，汉族和其他少数民族都叫做中国人。

從那時候起，漢族和其他少數民族都叫做中國人。

Since then, the Han people and other ethnic minorities have been called the Chinese people.

3. 从上大学开始，我就住在这个地方。

從上大學開始，我就住在這個地方。

I have been living in this place since I started university.

2. "认为" "以为"
"認為" "以为"

"rènwéi" and "yǐwéi"

believe; think; consider

- "认为" and "以为" are used as verbs equivalent to "believe", "consider" or "think" in English. Sometimes, however, they are not interchangeable in Chinese. "认为" indicates the speaker's judgment or belief. "以为" on the other hand carries assumptions which might be erroneous.

1. 中国人认为自己是炎黄的子孙。

中國人認為自己是炎黄的子孫。

Chinese people consider themselves to be the descendants of the Yan and Yellow Emperors.

2. 现在很多人都认为学中文很有用。

現在很多人都認為學中文很有用。

These days many people think that learning Chinese is very useful.

3. 老师认为听、说、读、写都很重要。

老師認為聽、說、讀、寫都很重要。

Teachers believe that listening, speaking, reading, and writing are all very important.

4. 以前中国人以为自己居住在大地的中心，于是把自己居住的地方叫"中华"。

以前中國人以為自己居住在大地的中心，於是把自己居住的地方叫"中華"。

A long time ago Chinese people thought that they lived in the center of the world, and thus called the place where they were living as "Zhong Hua".

5. 我以为你回家了呢，你怎么还在这儿？

我以為你回家了呢，你怎麼還在這兒？

I thought you'd gone home. How come you are still here?

6. 汤姆以为只要学会听中文就可以了。

湯姆以為只要學會聽中文就可以了。

Tom thought that as long as he could learn to understand Chinese by listening, he would be OK.

3. 于是
**　於是**

yúshì

and then; hence

◆ "于是" is used at the beginning of the second clause of a sentence to indicate that a situation or action is caused by a matter mentioned in the first clause.

1. 少数民族和华夏族的穿着打扮不一样，于是华夏族就用"华夏"来表示自己。

少數民族和華夏族的穿著打扮不一樣，於是華夏族就用"華夏"來表示自己。

The minorities dressed differently from Huaxia tribe. Hence Huaxia tribe used "Huaxia" to represent themselves.

2. 作业做完了，于是我就去看电视了。

作業做完了，於是我就去看電視了。

I finished my homework and then went to watch TV.

3. 没有现金了，于是我就用爸爸的信用卡。

沒有現金了，於是我就用爸爸的信用卡。

I had no cash, so I used my dad's credit card.

4. 作为
  作為

zuòwéi

as; in the role of;
in the character of

1. 1912年"中国"作为"中华民国"的简称才正式成为国家的名称。

1912年"中國"作為"中華民國"的簡稱才正式成為國家的名稱。

As the abbreviation of "Republic of China", "Zhongguo" became the official name of the country since 1912.

2. 汉字作为偏旁，和别的字又组成了许多新的字。

漢字作為偏旁，和別的字又組成了許多新的字。

Chinese characters used as radicals, and combined with other characters to make many new characters.

3. 作为一个学生，你一定要来上课。

作為一個學生，你一定要來上課。

As a student, you have to come to class.

5. 才
  才

cái

(not) until

◆ "才" is used after time expressions and indicates that something happens later than the usual, proper or expected lapse of time.

1. 1912年中华民国成立以后，"中国"才正式成为国家的名称。

1912年中華民國成立以後，"中國"才正式成為國家的名稱。

Not until the Republic of China was founded in 1912, did "China" become the official name of the country.

2. 昨天晚上做中文作业，做到十一点才睡觉。

昨天晚上做中文作業，做到十一點才睡覺。

I did my Chinese homework last night and didn't go to bed until 11:00 p.m.

3. 上大学以后，我才开始学习中文。

上大學以後，我才開始學習中文。

I didn't start to learn Chinese until I came to college.

6. 改 V

改 V

gǎi V

change; instead of

1. 后来人们把唐人街改叫做中国城了。

後來人們把唐人街改叫做中國城了。

Later, people called it "Zhongguocheng" instead of "Tang-renjie".

2. 我以前用左手写字，现在改用右手了。

我以前用左手寫字，現在改用右手了。

I used to write characters with my left hand, but now I changed to my right hand.

3. 以前中国人用刀叉吃饭，后来改用筷子了。

以前中國人用刀叉吃飯，後來改用筷子了。

Chinese people used to eat with knives and forks, but later they changed to using chopsticks.

7. 连……也/都/还

連……也/都/還

lián...... yě/dōu/hái

even

1. 今天，不但很多人把汉语改叫做中文，就连唐人街也改叫做中国城了。

今天，不但很多人把漢語改叫做中文，就連唐人街也改叫做中國城了。

Today, many people call Chinese "Zhongwen" instead of "Hanyu", and even Chinatown is called "Zhongguocheng" instead of "Tangrenjie".

2. 他起床晚了，连早饭还没有吃就去上课了。

他起床晚了，連早飯還沒有吃就去上課了。

He got up late and went to his class without even having breakfast.

3. 这道数学题很容易，连小学生都会做。

這道數學題很容易，連小學生都會做。

This math problem is very easy, even elementary school students can solve it.

中国和瓷器

在英文里，"china"这个词有两个意思：一个是瓷器；一个是中国。有人说"china"最早的意思是瓷器，后来才是中国。

瓷器是古代中国发明的，在3000多年前的商朝就已经出现瓷器了，不过那时候的瓷器做得比较粗糙，人们叫它原始瓷器。

古时候人们的日常生活离不开瓷器，从舀汤的汤勺到盛饭的碗盘，从喝茶的茶壶到喝酒的酒杯，从养鱼的鱼盆到装水的水缸，就连人们睡觉的枕头和坐的墩子都是用瓷做的。

到了唐朝和宋朝，瓷器已经做得非常漂亮了。那时候来中国的外国商人都很喜欢中国的瓷器，他们买了许多带回去。从那时候起，不但瓷器大量地运到了国外，就连制作瓷器的方法也传到了各个国家。

当时世界上许多人都知道东亚有一个大国，这个国家会做很漂亮的瓷器。那时候外国人把瓷器叫做"china"，后来他们把制作这种漂亮瓷器的国家也叫做"china"，就这样瓷器成了中国的名字。如果你不相信，你可以去查字典，字典上"china"的第一个意思是"瓷器"，第二个意思是"中国"。

也有人认为这种说法不对。他们说中国以前就叫做"china"，当瓷器第一次运到外国的时候，外国人不知道瓷器叫什么，但是他们知道这些漂亮的瓷器是从中国来的，于是就把瓷器也叫做了"china"。

中國和瓷器

在英文裏，"china"這個詞有兩個意思：一個是瓷器；一個是中國。有人說"china"最早的意思是瓷器，後來才是中國。

瓷器是古代中國發明的，在3000多年前的商朝就已經出現瓷器了，不過那時候的瓷器做得比較粗糙，人們叫它原始瓷器。

古時候人們的日常生活離不開瓷器，從舀湯的湯勺到盛飯的碗盤，從喝茶的茶壺到喝酒的酒杯，從養魚的魚盆到裝水的水缸，就連人們睡覺的枕頭和坐的墩子都是用瓷做的。

到了唐朝和宋朝，瓷器已經做得非常漂亮了。那時候來中國的外國商人都很喜歡中國的瓷器，他們買了許多帶回去。從那時候起，不但瓷器大量地運到了國外，就連製作瓷器的方法也傳到了各個國家。

當時世界上許多人都知道東亞有一個大國，這個國家會做很漂亮的瓷器。那時候外國人把瓷器叫做"china"，後來他們把製作這種漂亮瓷器的國家也叫做"china"，就這樣瓷器成了中國的名字。如果你不相信，你可以去查字典，字典上"china"的第一個意思是"瓷器"，第二個意思是"中國"。

也有人認為這種說法不對。他們說中國以前就叫做"china"，當瓷器第一次運到外國的時候，外國人不知道瓷器叫什麼，但是他們知道這些漂亮的瓷器是從中國來的，於是就把瓷器也叫做了"china"。

1	瓷器　瓷器	cíqì	*n.*	china; porcelain
2	发明　發明	fāmíng	*v.*	invent
3	出现　出現	chūxiàn	*v.*	appear
4	比较　比較	bǐjiào	*adv.*	comparatively; rather; relatively
5	粗糙　粗糙	cūcāo	*adj.*	rough
6	原始瓷器 原始瓷器	yuánshǐ cíqì	*n.*	prehistoric pottery
7	日常　日常	rìcháng	*adj.*	everyday; day-to-day
8	舀　舀	yǎo	*v.*	scoop; ladle out
9	汤　湯	tāng	*n.*	soup
10	勺　勺	sháo	*n.*	spoon; ladle
11	盛　盛	chéng	*v.*	fill (a bowl)
12	碗　碗	wǎn	*n.*	bowl
13	盘　盤	pán	*n.*	plate
14	茶壶　茶壺	cháhú	*n.*	tea pot
15	杯　杯	bēi	*n.*	cup
16	养（鱼） 養（魚）	yǎng (yú)	*v.*	raise fish
17	盆　盆	pén	*n.*	tub; basin
18	装　裝	zhuāng	*v.*	hold; contain
19	缸　缸	gāng	*n.*	vat, vessel
20	枕头　枕頭	zhěntou	*n.*	pillow
21	墩子　墩子	dūnzi	*n.*	stool
22	宋朝　宋朝	sòngcháo	*prn.*	Song Dynasty (960–1280)
23	商人　商人	shāngrén	*n.*	merchant; businessman
24	大量　大量	dàliàng	*adj.*	in great quantities
25	制作　製作	zhìzuò	*v.*	manufacture
26	传　傳	chuán	*v.*	pass on; transmit; convey

27	东亚	東亞	dōngyà	*n.*	East Asia
28	相信	相信	xiāngxìn	*v.*	believe
29	说法	說法	shuōfǎ	*n.*	statement; version

问题 / 問題　Questions

1. 瓷器是哪个国家发明的？
   瓷器是哪個國家發明的？

_____

2. 你能说出几件中国人常用的瓷器吗？
   你能說出幾件中國人常用的瓷器嗎？

_____

3. 为什么外国人把瓷器叫"china"？
   為什麼外國人把瓷器叫"china"？

_____

4. 中国瓷器什么时候传到外国的？
   中國瓷器什麼時候傳到外國的？

_____

5. 你认为"china"最早的意思是什么？
   你認為"china"最早的意思是什麼？

_____

部分国家和首都名称表 / 部分國家和首都名稱表
Names of some countries and capitals

	国家名称 國家名稱	拼音 拼音	英文 英文	首都 首都	拼音 拼音	英文 英文
1	阿根廷　阿根廷	āgēntíng	Argentina	布宜诺斯艾利斯 布宜諾斯艾利斯	bùyínuòsīàilìsī	Buenos Aires
2	埃及　埃及	āijí	Egypt	开罗　開羅	kāiluó	Cairo
3	澳大利亚 澳大利亞	àodàlìyà	Australia	堪培拉　堪培拉	kānpéilā	Canberra
4	奥地利　奧地利	àodìlì	Austria	维也纳　維也納	wéiyěnà	Vienna
5	比利时　比利時	bǐlìshí	Belgium	布鲁塞尔 布魯塞爾	bùlǔsāiěr	Brussels
6	秘鲁　秘魯	bìlǔ	Peru	利马　利馬	lìmǎ	lima
7	冰岛　冰島	bīngdǎo	Iceland	雷克雅未克 雷克雅未克	léikèyǎwèikè	Reykjavik
8	德国　德國	déguó	Germany	柏林　柏林	bólín	Berlin
9	波兰　波蘭	bōlán	Poland	华沙　華沙	huáshā	Warsaw
10	俄国　俄國	éguó	Russia	莫斯科　莫斯科	mòsīkē	Moscow
11	法国　法國	fǎguó	France	巴黎　巴黎	bālí	Paris
12	韩国　韓國	hánguó	Korea	首尔　首爾	shǒuěr	Seoul
13	荷兰　荷蘭	hélán	Holland	阿姆斯特丹 阿姆斯特丹	āmǔsītèdān	Amsterdam
14	加拿大　加拿大	jiānádà	Canada	渥太华　渥太華	wòtàihuá	Ottawa
15	美国　美國	měiguó	United States	华盛顿　華盛頓	huáshèngdùn	Washington
16	墨西哥　墨西哥	mòxīgē	Mexico	墨西哥城 墨西哥城	mòxīgēchéng	Mexico City
17	日本　日本	rìběn	Japan	东京　東京	dōngjīng	Tokyo
18	瑞士　瑞士	ruìshì	Switzerland	伯尔尼　伯爾尼	bóěrní	Bern
19	土耳其　土耳其	tǔěrqí	Turkey	安卡拉　安卡拉	ānkǎlā	Ankara
20	西班牙　西班牙	xībānyá	Spain	马德里　馬德里	mǎdélǐ	Madrid
21	希腊　希臘	xīlà	Greece	雅典　雅典	yǎdiǎn	Athens
22	新西兰　新西蘭	xīnxīlán	New Zealand	惠灵顿　惠靈頓	huìlíndùn	Wellington
23	意大利　意大利	yìdàlì	Italy	罗马　羅馬	luómǎ	Roma
24	英国　英國	yīngguó	England	伦敦　倫敦	lúndūn	London
25	印度　印度	yìndù	India	新德里　新德里	xīndélǐ	New Delhi

生活用品制作材料简表 / 生活用品製作材料簡表
Materials used in daily objects

	名称　名稱	拼音　拼音	英文　英文	例证　例證	拼音　拼音	英文　英文
1	金　金	jīn	gold	金币　金幣	jīnbì	gold coin
2	银　銀	yín	silver	银勺　銀勺	yínsháo	silver spoon
3	铜　銅	tóng	copper	铜线　銅綫	tóngxiàn	copper wire
4	铁　鐵	tiě	iron	铁锨　鐵鍁	tiěxiān	iron shovel
5	铝　鋁	lǚ	aluminum	铝盆　鋁盆	lǚpén	aluminum pot
6	锡　錫	xī	tin	锡纸　錫紙	xīzhǐ	tinfoil
7	瓷　瓷	cí	china	瓷碗　瓷碗	cíwǎn	china bowl
8	玻璃　玻璃	bōlí	glass	玻璃瓶　玻璃瓶	bōlípíng	glass bottle
9	塑料　塑料	sùliào	plastic	塑料叉子　塑料叉子	sùliàochāzi	plastic fork
10	泡沫塑料　泡沫塑料	pàomòsùliào	styrofoam	泡沫塑料杯子　泡沫塑料杯子	pòmòsùliàobēizi	styrofoam cup
11	橡胶　橡膠	xiàngjiāo	rubber	橡胶手套　橡膠手套	xiàngjiāoshǒutào	rubber gloves
12	木　木	mù	wood	木棍　木棍	mùgùn	wooden stick
13	竹　竹	zhú	bamboo	竹筷　竹筷	zhúkuài	bamboo chopsticks
14	布　布	bù	cloth	布鞋　布鞋	bùxié	cloth shoes
15	丝绸　絲綢	sīchóu	silk	丝绸围巾　絲綢圍巾	sīchóuwéijīn	silk scarf
16	草　草	cǎo	grass	草帽　草帽	cǎomào	straw hat
17	麻　麻	má	hemp	麻绳　麻繩	máshéng	hemp rope
18	纸　紙	zhǐ	paper	纸盒　紙盒	zhǐhé	paper box
19	石头　石頭	shítou	stone	石碑　石碑	shíbēi	stone tablet
20	泥土　泥土	nítǔ	clay	泥人　泥人	nírén	clay figurine

hūnyīn jièshào

婚姻介绍
婚姻介紹
Matchmaking

婚姻介紹

学习大纲和学习目标

通过学习本课，学生应该能够：

1. 掌握这些句型和词语的意思和用法：
   1）只有……才
   2）不管……还是……都
   3）至于
   4）（时间）来
   5）越来越……
   6）让
   7）"帮忙"和"帮助"
2. 认识和运用课文以及阅读文章内的生词。
3. 简单描述中国以前婚姻介绍的方法。
4. 了解"天干地支"和"属相"。

學習大綱和學習目標

通過學習本課，學生應該能夠：

1. 掌握這些句型和詞語的意思和用法：
   1) 只有 …… 才
   2) 不管 …… 還是 …… 都
   3) 至於
   4)（時間）來
   5) 越來越……
   6) 讓
   7) "幫忙"和"幫助"
2. 認識和運用課文以及閱讀文章內的生詞。
3. 簡單描述中國以前婚姻介紹的方法。
4. 瞭解"天干地支"和"屬相"。

Study Outline and Objectives

After studying this chapter, students should:

After studying this chapter, students should:

1. Have a good command of the meaning and usage of these sentence patterns and terms:
   1) zhǐyǒu … cái (only when; not until)
   2) bùguǎn … háishì … dōu (no matter A or B; whether A or B)
   3) zhìyú (as to; as for)
   4) (time period) lái
   5) yuèláiyuè…… (more and more)
   6) ràng (let; make)
   7) "bāngmáng" and "bāngzhù" (help)
2. Be familiar with the meaning and usage of the vocabulary introduced in the text and reading.
3. Briefly describe how matchmaking worked in ancient China.
4. Understand the meaning of "Heavenly Stems and Earthly Branches" and the "Chinese Zodiac".

婚姻介绍

以前有一种人叫"媒婆"，专门给人做媒，也就是介绍婚姻。那时候谁家的孩子到了结婚的年龄，父母就去找媒婆帮忙。

媒婆先去男孩子家，说有一个女孩子非常漂亮、非常贤惠；再到女孩子家，说有一个男孩子特别聪明、特别能干，媒婆花言巧语说得双方父母都满意了，一门婚事也就说成了。

那时候的婚姻只要父母满意就行，孩子自己愿意不愿意、喜欢不喜欢都没有关系。许多人在结婚前甚至连面都没有见过，新郎只有到结婚那天晚上，才知道自己娶的媳妇漂亮不漂亮；新娘也只有这个时候，才看到自己嫁的是一个什么样的男人。

当然不管是漂亮还是丑、聪明还是笨都已经太晚了，至于他们两个人有没有爱情，他们的婚姻幸福不幸福，从来没有人去想这些事情。

媒婆这种介绍婚姻的方法在中国千百年了，千百年来，这种方法造成了很多不幸的家庭，于是媒婆的名声也就越来越不好了。

最近几十年来，媒婆换了一个很好听的名字叫"红娘"，介绍婚姻的方法也有了很大的改变。红娘让男女双方先见见面，了解一段时间，等两个人都满意了再结婚。

红娘帮助许多人组成了幸福的家庭，这些人都非常感激红娘，于是红娘的名声也就越来越好了，找红娘帮忙的人也越来越多了。后来，红娘成立了一个专门介绍婚姻的大公司，叫做"婚姻介绍所"。

婚姻介紹

以前有一種人叫"媒婆"，專門給人做媒，也就是介紹婚姻。那時候誰家的孩子到了結婚的年齡，父母就去找媒婆幫忙。

媒婆先去男孩子家，說有一個女孩子非常漂亮、非常賢惠；再到女孩子家，說有一個男孩子特別聰明、特別能幹，媒婆花言巧語說得雙方父母都滿意了，一門婚事也就說成了。

那時候的婚姻只要父母滿意就行，孩子自己願意不願意、喜歡不喜歡都沒有關係。許多人在結婚前甚至連面都沒有見過，新郎只有到結婚那天晚上，才知道自己娶的媳婦漂亮不漂亮；新娘也只有這個時候，才看到自己嫁的是一個什麼樣的男人。

當然不管是漂亮還是醜、聰明還是笨都已經太晚了，至於他們兩個人有沒有愛情，他們的婚姻幸福不幸福，從來沒有人去想這些事情。

媒婆這種介紹婚姻的方法在中國千百年了，千百年來，這種方法造成了很多不幸的家庭，於是媒婆的名聲也就越來越不好了。

最近幾十年來，媒婆換了一個很好聽的名字叫"紅娘"，介紹婚姻的方法也有了很大的改變。紅娘讓男女雙方先見見面，瞭解一段時間，等兩個人都滿意了再結婚。

紅娘幫助許多人組成了幸福的家庭，這些人都非常感激紅娘，於是紅娘的名聲也就越來越好了，找紅娘幫忙的人也越來越多了。後來，紅娘成立了一個專門介紹婚姻的大公司，叫做"婚姻介紹所"。

1	婚姻　婚姻	hūnyīn	*n.*	marriage
2	媒婆　媒婆	méipó	*n.*	female matchmaker
3	专门　專門	zhuānmén	*adv.*	specialize in; specially
4	做媒　做媒	zuòméi	*v.*	be a matchmaker; go between
5	年龄　年齡	niánlíng	*n.*	age
6	贤惠　賢惠	xiánhuì	*adj.*	(of a woman) virtuous; genial and prudent
7	能干　能幹	nénggàn	*adj.*	capable; talented
8	花言巧语 花言巧語	huāyánqiǎoyǔ	*id.*	honeyed and deceiving words
9	双方　雙方	shuāngfāng	*n.*	both side
10	满意　滿意	mǎnyì	*adj.*	satisfied
11	门　門	mén	*m.*	measure word for marriage
12	成　成	chéng	*v.*	accomplish; succeed
13	甚至　甚至	shènzhì	*conj.*	even; (go) so far as to ...
14	见面　見面	jiànmiàn	*v.*	meet
15	新郎　新郎	xīnláng	*n.*	bridegroom
16	娶　娶	qǔ	*v.*	(of a man) marry
17	媳妇　媳婦	xífu	*n.*	wife
18	新娘　新娘	xīnniáng	*n.*	bride
19	嫁　嫁	jià	*v.*	(of a woman) marry
20	当然　當然	dāngrán	*adv.*	of course
21	丑　醜	chǒu	*adj.*	ugly
22	笨　笨	bèn	*adj.*	stupid; foolish
23	爱情　愛情	àiqíng	*n.*	love
24	幸福　幸福	xìngfú	*adj.*	happy
25	从来　從來	cónglái	*adv.*	always; at all times
26	造成　造成	zàochéng	*v.*	create

27	不幸	不幸	bùxìng	*adj.*	unfortunate; unhappy
28	名声	名聲	míngshēng	*n.*	reputation
29	红娘	紅娘	hóngniáng	*n.*	female matchmaker
30	改变	改變	gǎibiàn	*v.*	change
31	了解	瞭解	liǎojiě	*v.*	understand; know
32	感激	感激	gǎnjī	*v.*	appreciate
33	公司	公司	gōngsī	*n.*	company
34	所	所	suǒ	*n.*	agency

语法和词语注释 / 語法和詞語注釋
Grammar and Words/Phrases Notes

1. 只有……才
只有……才

zhǐyǒu...cái

only when; not until

◆ "只有" indicates the only condition required for certain circumstances to appear. It is usually followed by "才".

1. 新娘也只有这个时候，才可以看到自己嫁的是一个什么样的男人。

   新娘也只有這個時候，才可以看到自己嫁的是一個什麼樣的男人。

   Only at this moment can the bride see what kind of man she has married.

2. 我只有没钱的时候，才想家。

   我只有沒錢的時候，才想家。

   I am only homesick when I have no money.

3. 汤姆只有学好中文，才可以去北京见小燕的父母。

   湯姆只有學好中文，才可以去北京見小燕的父母。

   Tom can go to Beijing and meet Xiaoyan's parents only when he has learned Chinese well.

◆ "只要 …… 就" and "只有 …… 才"：The difference between "只要 …… 就" and "只有 …… 才" is that "只有" indicates the only condition, while "只要" provides a necessary condition or minimum requirement.

1. 只要体育好就可以上好大学。(学习好也可以，音乐好也可以。)

   只要體育好就可以上好大學。(學習好也可以，音樂好也可以。)

   You can get into a good college as long as you're good at sports. (Being good at sports is one of the conditions that is necessary for entering a college.)

2. 只有体育好才可以上好大学。（学习好不可以，音乐好不可以。）

   只有體育好才可以上好大學。（學習好不可以，音樂好不可以。）

   You can get into a good college only if you're good at sports. (Being good at sports is the only condition for entering a college.)

2. 不管……还是……都
不管……還是……都

bùguǎn……háishì……dōu

no matter A or B; whether A or B

◆ This indicates that no matter what the circumstances are the result remains unchanged.

1. 不管是漂亮还是丑、聪明还是笨，都已经太晚了。

   不管是漂亮還是醜、聰明還是笨，都已經太晚了。

   Whether (she is) beautiful or ugly, smart or stupid, it is too late (to make any changes).

2. 不管中国人还是外国人，都知道中国的长城。

   不管中國人還是外國人，都知道中國的長城。

   No matter Chinese or foreigners, everyone knows The Great Wall of China.

3. 不管是汉族还是其他少数民族，都叫做中国人。

   不管是漢族還是其他少數民族，都叫做中國人。

   No matter Han or other ethnic minorities in China, they are all called Chinese.

4. 不管贵（还是）不贵，我都要买。

   不管貴（還是）不貴，我都要買。

   Whether it is expensive or not, I have to buy it.

◆ "不管" in the examples 1–4 can be replaced by "无论 wúlùn".

5. 无论是漂亮还是丑、聪明还是笨，都已经太晚了。

无論是漂亮還是醜、聰明還是笨，都已經太晚了。

Whether (she is) beautiful or ugly, smart or stupid, it is too late (to make any changes).

6. 无论中国人还是外国人，都知道中国的长城。

無論中國人還是外國人，都知道中國的長城。

No matter Chinese or foreigners, everyone knows The Great Wall of China.

◆ In addition, the examples of "不管......都"in Lesson Three also can be replaced by"无论".

7. 无论哪个国家的人，只要去过中国就都知道中国的长城。

無論哪個國家的人，只要去過中國就都知道中國的長城。

No matter what countries people come from, as long as they have been to China, they all know the Great Wall.

3. 至于
至於

zhìyú

as to; as for

◆ "至于" is used at the beginning of a sentence to introduce a new related topic.

1. 至于他们的婚姻幸福不幸福，没有人去想这件事。

   至於他們的婚姻幸福不幸福，沒有人去想這件事。

   As to whether their marriage was happy or not, no one considered this matter.

2. 我跟她说过了，至于她听不听，我就不知道了。

   我跟她說過了，至於她聽不聽，我就不知道了。

   I've talked to her. As to whether she listens to me or not, I wouldn't know.

3. 只要能上大学就可以，至于学什么都没关系。

   只要能上大學就可以，至於學什麼都沒關係。

   It's good enough as long as I get into a college. As for what subjects that I study, it doesn't matter.

4. （时间）来
（時間）來

(time period) lái

◆ This is used after a time word or phrase to indicate the period of time up to a particular moment.

1. 千百年來，媒婆造成了很多不幸的家庭。

   千百年來，媒婆造成了很多不幸的家庭。

   For thousands of years, female matchmakers created many unhappy families.

2. 这两年来，我看了不少中国电影。

   這兩年來，我看了不少中國電影。

   I have seen a lot of Chinese movies in the past two years.

3. 一个月来，我又认识了几个朋友。

   一個月來，我又認識了幾個朋友。

   I have also met a few friends in the past month.

5. 越来越……
越來越……
yuèláiyuè……
more and more …

◆ "越来越……" is used before an adjective to indicate the degree of the adjective is increased over time.

1. 媒婆的名声越来越不好了。

媒婆的名聲越來越不好了。

The reputation of female matchmakers is becoming worse and worse.

2. 他越来越老了。

他越來越老了。

He is getting older and older.

3. 我们学的生词越来越多了。

我們學的生詞越來越多了。

We've learned more and more new words.

6. 让
讓
ràng
let; make

1. 红娘让男女两个人先见面，等到他们两人都满意了以后再结婚。

紅娘讓男女兩個人先見面，等到他們兩人都滿意了以後再結婚。

The female matchmaker lets the man and woman meet each other first, and when they are both satisifed, then they can get married.

2. 让每一个人都有饭吃。

讓每一個人都有飯吃。

Let everyone have food to eat.

3. 我的同屋常常让我打扫房间。

我的同屋常常讓我打掃房間。

My roommate often makes me clean the room.

7. **"帮忙"和**
"帮助"
"幫忙"和
"幫助"

"bāngmáng" and
"bāngzhù"

help

♦ The differences between "帮忙" and "帮助" are that "帮助" can be followed by an object but "帮忙" cannot, and that other words can be inserted between "帮" and "忙", but that is not the case with "帮助".

1. 人们要结婚的时候都去找媒婆帮忙。

人們要結婚的時候都去找媒婆幫忙。

People all ask female matchmakers for help when they want to get married.

2. 红娘帮助许多人组成了幸福的家庭。

紅娘幫助許多人組成了幸福的家庭。

Female matchmakers have helped many people create happy families.

3. 请你帮我一个忙，帮我做作业。

請你幫我一個忙，幫我做作業。

Please do me a favor and help me do my homework.

4. 我帮助你学中文。

我幫助你學中文。

I help you study Chinese.

（×）我幫忙你學中文。

（×）請你幫我一個助。

天干地支、属相、婚姻

中国古代有一种计数方法叫做"天干地支"。天干有十个：甲、乙、丙、丁、戊、己、庚、辛、壬、癸；地支有十二个：子、丑、寅、卯、辰、巳、午、未、申、酉、戌、亥。

最早的时候，人们是把天干和地支一个对一个连起来纪日的，到了汉代，人们又用它来纪年，现在中国农历还是用天干地支纪年的，例如：2015年是乙未年，乙代表天干，未代表地支。

也是从汉代开始，人们又用鼠、牛、虎、兔、龙、蛇、马、羊、猴、鸡、狗、猪十二个动物代表地支纪年，例如：羊代表未，羊年就是未年。虎代表寅，虎年就是寅年。人们还说，哪一年出生的人就属哪一年的动物，例如：羊年出生的属羊，虎年出生的属虎，这就是"属相"，也叫做"生肖"。

属相本来是纪年的，后来成了一种文化，说属什么动物的人具有什么动物的属性，例如：属羊的人温顺，属虎的人勇敢，属牛的人勤劳。

因为不同属相的人有不同的属性，于是人们又把属相和婚姻连在一起，说一个人的婚姻好坏跟属相有很大关系，例如：属猪的和属羊的结婚会幸福，属龙的和属虎的在一起可能会有麻烦。

以前媒婆介绍婚姻一定要先看双方的属相，说只有属相合适的人才可以结婚。现在社会越来越进步了，但是很多人在找对象的时候，还是要先看一下对方的属相。

天干地支、屬相、婚姻

中國古代有一種計數方法叫做"天干地支"。天干有十個：甲、乙、丙、丁、戊、己、庚、辛、壬、癸；地支有十二個：子、丑、寅、卯、辰、巳、午、未、申、酉、戌、亥。

最早的時候，人們是把天干和地支一個對一個連起來紀日的，到了漢代，人們又用它來紀年，現在中國農曆還是用天干地支紀年的，例如：2015年是乙未年，乙代表天干，未代表地支。

也是從漢代開始，人們又用鼠、牛、虎、兔、龍、蛇、馬、羊、猴、雞、狗、豬十二個動物代表地支紀年，例如：羊代表未，羊年就是未年。虎代表寅，虎年就是寅年。人們還說，哪一年出生的人就屬哪一年的動物，例如：羊年出生的屬羊，虎年出生的屬虎，這就是"屬相"，也叫做"生肖"。

屬相本來是紀年的，後來成了一種文化，說屬什麼動物的人具有什麼動物的屬性，例如：屬羊的人溫順，屬虎的人勇敢，屬牛的人勤勞。

因為不同屬相的人有不同的屬性，於是人們又把屬相和婚姻連在一起，說一個人的婚姻好壞跟屬相有很大關係，例如：屬豬的和屬羊的結婚會幸福，屬龍的和屬虎的在一起可能會有麻煩。

以前媒婆介紹婚姻一定要先看雙方的屬相，說只有屬相合適的人才可以結婚。現在社會越來越進步了，但是很多人在找對象的時候，還是要先看一下對方的屬相。

生词
生詞
New Words

1	天干	天干	tiāngān	*n.*	Ten Heavenly Stems (traditionally used as serial numbers)
2	地支	地支	dìzhī	*n.*	Earthly Branches (traditional terms indicating order)
3	属相	屬相	shǔxiàng	*n.*	Chinese Zodiac (there're twelve animals used to symbolize the year in which a person is born)
4	计数	計數	jìshù	*v.*	count; calculate
5	对	對	duì	*v.*	match; fit one into other
6	纪日	紀日	jìrì	*v.*	the way of numbering the days
7	纪年	紀年	jìnián	*v.*	the way of numbering the years
8	农历	農曆	nónglì	*n.*	lunar calendar
9	代表	代表	dàibiǎo	*v.*	represent
10	开始	開始	kāishǐ	*v.*	begin; start
11	动物	動物	dòngwù	*n.*	animal
12	出生	出生	chūshēng	*v.*	born
13	属	屬	shǔ	*v.*	belong to
14	生肖	生肖	shēngxiāo	*n.*	the same as "属相"
15	本来	本來	běnlái	*adv.*	originally
16	文化	文化	wénhuà	*n.*	culture
17	具有	具有	jùyǒu	*v.*	have
18	属性	屬性	shǔxìng	*n.*	attribute; characteristic
19	温顺	溫順	wēnshùn	*adj.*	docile; gentle
20	勇敢	勇敢	yǒnggǎn	*adj.*	brave; courageous
21	勤劳	勤勞	qínláo	*adj.*	diligent; hardworking
22	麻烦	麻煩	máfan	*adj.*	troublesome; problematic
23	合适	合適	héshì	*adj.*	suitable; appropriate
24	进步	進步	jìnbù	*adj.*	progressive; advanced
25	对象	對象	duìxiàng	*n.*	marriage partner
26	对方	對方	duìfāng	*n.*	other side; counterpart

问题 / 問題　Questions

1. 什么是属相？什么时候开始有属相的？
   什麼是屬相？什麼時候開始有屬相的？

2. 什么是天干地支？
   什麼是天干地支？

3. 介绍婚姻的人为什么要看双方的属相？
   介紹婚姻的人為什麼要看雙方的屬相？

4. 你觉得一个人的属相跟他的婚姻幸福不幸福有关系吗？为什么？
   你覺得一個人的屬相跟他的婚姻幸福不幸福有關係嗎？為什麼？

5. 你是属什么的？你的朋友属什么？
   你是屬什麼的？你的朋友屬什麼？

常用有关婚姻词语 / 常用有關婚姻詞語
Common Words Related to Marriage

	名称 名稱	拼音 拼音	词性 詞性	英文 英文
1	婚姻 婚姻	hūnyīn	*n.*	marriage; matrimony
2	未婚 未婚	wèihūn	*n.*	unmarried; single
3	徵婚 徵婚	zhēnghūn	*v.*	marriage seeking
4	求婚 求婚	qiúhūn	*v.*	make an offer of marriage; propose
5	订婚 訂婚	dìnghūn	*v.*	be engaged to be married
6	逼婚 逼婚	bīhūn	*v.*	force into a marriage; forced marriage
7	抗婚 抗婚	kànghūn	*v.*	refuse to marry
8	赖婚 賴婚	làihūn	*v.*	repudiate a marriage contract
9	退婚 退婚	tuìhūn	*v.*	break off an engagement
10	逃婚 逃婚	táohūn	*v.*	run away from a wedding
11	结婚 結婚	jiéhūn	*v.*	get married
12	婚礼 婚禮	hūnlǐ	*n.*	wedding ceremony
13	婚纱 婚紗	hūnshā	*n.*	wedding dress
14	已婚 已婚	yǐhūn	*v.*	married
15	离婚 離婚	líhūn	*v.*	divorce
16	再婚 再婚	zàihūn	*v.*	remarry
17	重婚 重婚	chónghūn	*v.*	bigamy
18	银婚 銀婚	yínhūn	*n.*	silver wedding anniversary (25 years)
19	金婚 金婚	jīnhūn	*n.*	golden wedding anniversary (50 years)

天干地支纪年和十二生肖对照表 / 天干地支紀年和十二生肖對照表
Chart of Attribution and Zodiac

甲子 1924 鼠 鼠	甲申 1944 猴 猴	甲辰 1964 龙 龍	甲子 1984 鼠 鼠	甲申 2004 猴 猴
乙丑 1925 牛 牛	乙酉 1945 鸡 雞	乙巳 1965 蛇 蛇	乙丑 1985 牛 牛	乙酉 2005 鸡 雞
丙寅 1926 虎 虎	丙戌 1946 狗 狗	丙午 1966 马 馬	丙寅 1986 虎 虎	丙戌 2006 狗 狗
丁卯 1927 兔 兔	丁亥 1947 猪 豬	丁未 1967 羊 羊	丁卯 1987 兔 兔	丁亥 2007 猪 豬
戊辰 1928 龙 龍	戊子 1948 鼠 鼠	戊申 1968 猴 猴	戊辰 1988 龙 龍	戊子 2008 鼠 鼠
己巳 1929 蛇 蛇	己丑 1949 牛 牛	己酉 1969 鸡 雞	己巳 1989 蛇 蛇	己丑 2009 牛 牛
庚午 1930 马 馬	庚寅 1950 虎 虎	庚戌 1970 狗 狗	庚午 1990 马 馬	庚寅 2010 虎 虎
辛未 1931 羊 羊	辛卯 1951 兔 兔	辛亥 1971 猪 豬	辛未 1991 羊 羊	辛卯 2011 兔 兔
壬申 1932 猴 猴	壬辰 1952 龙 龍	壬子 1972 鼠 鼠	壬申 1992 猴 猴	壬辰 2012 龙 龍
癸酉 1933 鸡 雞	癸巳 1953 蛇 蛇	癸丑 1973 牛 牛	癸酉 1993 鸡 雞	癸巳 2013 蛇 蛇
甲戌 1934 狗 狗	甲午 1954 马 馬	甲寅 1974 虎 虎	甲戌 1994 狗 狗	甲午 2014 马 馬
乙亥 1935 猪 豬	乙未 1955 羊 羊	乙卯 1975 兔 兔	乙亥 1995 猪 豬	乙未 2015 羊 羊
丙子 1936 鼠 鼠	丙申 1956 猴 猴	丙辰 1976 龙 龍	丙子 1996 鼠 鼠	丙申 2016 猴 猴
丁丑 1937 牛 牛	丁酉 1957 鸡 雞	丁巳 1977 蛇 蛇	丁丑 1997 牛 牛	丁酉 2017 鸡 雞
戊寅 1938 虎 虎	戊戌 1958 狗 狗	戊午 1978 马 馬	戊寅 1998 虎 虎	戊戌 2018 狗 狗
己卯 1939 兔 兔	己亥 1959 猪 豬	己未 1979 羊 羊	己卯 1999 兔 兔	己亥 2019 猪 豬
庚辰 1940 龙 龍	庚子 1960 鼠 鼠	庚申 1980 猴 猴	庚辰 2000 龙 龍	庚子 2020 鼠 鼠
辛巳 1941 蛇 蛇	辛丑 1961 牛 牛	辛酉 1981 鸡 雞	辛巳 2001 蛇 蛇	辛丑 2021 牛 牛
壬午 1942 马 馬	壬寅 1962 虎 虎	壬戌 1982 狗 狗	壬午 2002 马 馬	壬寅 2022 虎 虎
癸未 1943 羊 羊	癸卯 1963 兔 兔	癸亥 1983 猪 豬	癸未 2003 羊 羊	癸卯 2023 兔 兔

máfan de tóngyīnzì

麻烦的同音字

麻烦的同音字

The Trouble with Homophones

麻烦的同音字

学习大纲和学习目标

通过学习本课，学生应该能够：

1. 掌握这些句型和词语的意思和用法：
   1）"或者"和"还是"
   2）相 V
   3）由于……因此 / 所以
   4）总是
   5）一点儿都 / 也（不 / 没有）
   6）不过
   7）既……又 / 也
2. 认识和运用课文以及阅读文章内的生词。
3. 了解并简单叙述同音字在中国人日常生活的影响。
4. 了解中国人的姓名及其含义。

學習大綱和學習目標

通過學習本課，學生應該能夠：

1. 掌握這些句型和詞語的意思和用法：
    1) "或者"和"還是"
    2) 相 V
    3) 由於⋯⋯因此 / 所以
    4) 總是
    5) 一點兒都 / 也（不 / 沒有）
    6) 不過
    7) 既⋯⋯又 / 也
2. 認識和運用課文以及閱讀文章內的生詞。
3. 瞭解並簡單敘述同音字在中國人日常生活的影響。
4. 瞭解中國人的姓名及其含義。

Study Outline and Objectives

After studying this chapter, students should:

1. Have a good command of the meaning and usage of these sentence patterns and terms:
    1) "huòzhě" and "háishì" (or)
    2) xiāng V (V each other)
    3) yóuyú...yīncǐ/suǒyǐ (by the reason of; therefore; as a result; so)
    4) zǒngshì (always; all the time)
    5) yīdiǎnr dōu/yě (bù/méiyǒu)(not ... at all; not at all...)
    6) bùguò (but; however)
    7) jì ... yòu/yě (both ... and; as well as)
2. Be familiar with the meaning and usage of the vocabulary introduced in the text and reading.
3. Understand and briefly describe how homophones affect Chinese people in their daily lives.
4. Understand Chinese names and their meanings.

麻烦的同音字

中文里面有很多同音字，同音字有时候让人喜欢，有时候让人讨厌。

做生意的人喜欢用"八"和"六"这样的数字，做自己的电话号码或者汽车牌照号码，因为"八"和发财的"发"声音相近，"八八"听起来就像是"发发"；"六六六"会让你觉得赚钱时顺顺溜溜。

在船上生活的人最忌讳的就是"沉"啊、"翻"啊，这些不吉利的字。中国人吃饭用的筷子，几百年以前叫"箸"，后来由于坐船的人不愿意船总是停住不动，因此把"箸"改叫做"筷"，意思是希望船能快快地走。

在中国人的家庭里，家人不愿意分吃一个梨，因为"分梨"听起来就好像是家人要分离。在过年、过节、过生日送礼物的时候，不可以给夫妻俩送伞（散），也一定不能给老人们送钟（终）。

我们知道，蜘蛛和蝙蝠一点儿都不好看，可是中国画儿里常常有蜘蛛和蝙蝠。这是因为蜘蛛也叫"喜蛛"，蝙蝠的"蝠"和福气的"福"声音一样。人们把它们画在了画儿里面，意思是喜事要来了，福气要到了。这就像过年时很多人家把一个大大的"福"字倒过来贴在门上一样，意思是过年了，福倒（到）了。

喜鹊和乌鸦都长得黑黑的，叫的声音也都很难听，不过，由于喜鹊的名字好听，因此大家都喜欢喜鹊，不喜欢乌鸦。

中文里面的同音字真的很麻烦，人们既喜欢它又讨厌它。其实，不管喜欢还是讨厌，这都是一种迷信。

麻煩的同音字

中文裏面有很多同音字，同音字有時候讓人喜歡，有時候讓人討厭。

做生意的人喜歡用"八"和"六"這樣的數字，做自己的電話號碼或者汽車牌照號碼，因為"八"和發財的"發"聲音相近，"八八"聽起來就像是"發發"；"六六六"會讓你覺得賺錢時順順溜溜。

在船上生活的人最忌諱的就是"沉"啊、"翻"啊，這些不吉利的字。中國人吃飯用的筷子，幾百年以前叫"箸"，後來由於坐船的人不願意船總是停住不動，因此把"箸"改叫做"筷"，意思是希望船能快快地走。

在中國人的家庭裏，家人不願意分吃一個梨，因為"分梨"聽起來就好像是家人要分離。在過年、過節、過生日送禮物的時候，不可以給夫妻倆送傘（散），也一定不能給老人們送鐘（終）。

我們知道，蜘蛛和蝙蝠一點兒都不好看，可是中國畫兒裏常常有蜘蛛和蝙蝠。這是因為蜘蛛也叫"喜蛛"，蝙蝠的"蝠"和福氣的"福"聲音一樣。人們把它們畫在了畫兒裏面，意思是喜事要來了，福氣要到了。這就像過年時很多人家把一個大大的"福"字倒過來貼在門上一樣，意思是過年了，福倒（到）了。

喜鵲和烏鴉都長得黑黑的，叫的聲音也都很難聽，不過，由於喜鵲的名字好聽，因此大家都喜歡喜鵲，不喜歡烏鴉。

中文裏面的同音字真的很麻煩，人們既喜歡它又討厭它。其實，不管喜歡還是討厭，這都是一種迷信。

生词
生詞
New Words

1	讨厌　討厭	tǎoyàn	*v.*	dislike; be sick of
2	做生意　做生意	zuòshēngyi	*v.*	do business
3	号码　號碼	hàomǎ	*n.*	number
4	牌照　牌照	páizhào	*n.*	license plate; license tag
5	发财　發財	fācái	*v.*	get rich; have good fortune
6	相近　相近	xiāngjìn	*adj.*	close; similar
7	赚钱　賺錢	zhuànqián	*v.*	make money
8	顺顺溜溜 順順溜溜	shùnshun liūliu	*adj.*	smoothly
9	忌讳　忌諱	jìhuì	*v.*	taboo
10	沉　沉	chén	*v.*	sink
11	翻　翻	fān	*v.*	turn over; capsize
12	吉利　吉利	jílì	*adj.*	lucky
13	停住　停住	tíngzhù	*v.*	stop; anchor
14	希望　希望	xīwàng	*v.*	hope
15	分　分	fēn	*v.*	divide
16	梨　梨	lí	*n.*	pear
17	好像　好像	hǎoxiàng	*v.*	seem; as if
18	过 (年 / 节 / 生日) 過 (年 / 節 / 生日)	guò (nián/jié/ shēngrì)	*v.*	celebrate (the New Year/ a festival/a birthday)
19	分离　分離	fēnlí	*v.*	separate; leave
20	夫妻　夫妻	fūqī	*n.*	husband and wife
21	伞　傘	sǎn	*n.*	umbrella
22	散　散	sàn	*v.*	break up; disperse
23	钟　鐘	zhōng	*n.*	clock
24	送终　送終	sòng zhōng	*v.*	attend to a dying parent or other senior member of one's family; arrange the funeral of a parent or senior member of the family
25	蜘蛛　蜘蛛	zhīzhū	*n.*	spider

26	蝙蝠　蝙蝠	biānfú	*n.*	bat
27	喜事　喜事	xǐshì	*n.*	happy event
28	福气　福氣	fúqì	*n.*	good luck
29	倒过来　倒過來	dàoguòlái	*v.*	flip upside down
30	贴　貼	tiē	*v.*	paste
31	喜鹊　喜鵲	xǐquè	*n.*	magpie
32	乌鸦　烏鴉	wūyā	*n.*	crow
33	长得　長得	zhǎngde	*v.*	looks; grow
34	难听　難聽	nántīng	*adj.*	(of sound) awful; unpleasant
35	真的　真的	zhēnde	*adj.*	really; truly; indeed

1. "或者"和"还是"
   "或者"和"還是"

"huòzhě" and "háishì"

or

◆ "或者" is used to connect coordinate elements of a sentence.

1. 做生意的人喜欢用八和六做电话号码或者汽车牌照号码。

   做生意的人喜歡用八和六做電話號碼或者汽車牌照號碼。

   Businessmen like to use *ba* (eight) and *liu* (six) for telephone numbers or car license plate numbers.

2. 我们可以在图书馆看书或者做作业。

   我們可以在圖書館看書或者做作業。

   We can read books or do homework in the library.

3. 这个问题你去查词典或者去问老师。

   這個問題你去查詞典或者去問老師。

   To answer this question, you should look it up in the dictionary or ask the professor.

◆ In making choices, "或者" can only be used in narrative sentences while "还是" is used in interrogative sentences.

4. 你暑假想去北京学中文还是去台北学中文？

   你暑假想去北京學中文還是去臺北學中文？

   This summer vacation, do you want to study Chinese in Beijing or Taipei?

5. 我暑假去北京学中文或者去台北学中文都可以。

   我暑假去北京學中文或者去臺北學中文都可以。

   This summer vacation, I can study Chinese in Beijing or Taipei.

   （×）做生意的人喜歡用八和六做電話號碼還是汽車牌照號碼。

   （×）你暑假想去北京學中文或者去臺北學中文？

◆ When "还是" is used with conjunctions such as "不管（无论）", it is equivalent to "或者".

6. 其实，不管（无论）喜欢还是讨厌同音字，都是一种迷信。

其實，不管（無論）喜歡還是討厭同音字，都是一種迷信。

In fact, whether people love or hate homophones, it is a kind of a superstition.

7. 其实，不管（无论）喜欢或者讨厌同音字，都是一种迷信。

其實，不管（無論）喜歡或者討厭同音字，都是一種迷信。

In fact, whether people love or hate homophones, it is a kind of superstition.

8. 不管（无论）刮风或者下雨，他都来上课。

不管（無論）颶風或者下雨，他都來上課。

No matter whether it's windy or raining, he always comes to class.

9. 不管（无论）刮风还是下雨，他都来上课。

不管（無論）颶風還是下雨，他都來上課。

No matter whether it's windy or raining, he always comes to class.

2. 相 V
相 V
xiāng V

V each other

1. "八"和发财的"发"声音相近。

"八"和發財的"發"聲音相近。

The pronunciation of "八" and "发" is similar.

2. 我们明年在北京相见。

我們明年在北京相見。

We will meet each other in Beijing next year.

3. 我们相爱很久了。

我們相愛很久了。

We have been in love with each other for a long time.

3. 由于……
   因此／所以
   由於……
   因此／所以

yóuyú … yīncǐ/suǒyǐ

by reason of; therefore;
as a result; so

◆ "由于" is only used at the beginning of the first clause to indicate a cause or reason, while "因此" or "所以" comes in the second clause to indicate the result.

1. 由于坐船的人不愿意船总是停住不动，因此就把"箸"改叫做"筷"。

   由於坐船的人不願意船總是停住不動，因此就把"箸"改叫做"筷"。

   The people on the boat didn't want the boat to stop moving, so they changed the name of chopsticks from "zhù" to "kuài".

2. 由于喜鹊的名字好听，因此人们喜欢喜鹊。

   由於喜鵲的名字好聽，因此人們喜歡喜鵲。

   Because the name of "magpie" sounds nice, therefore everyone likes magpies.

3. 由于拼音可以帮助我们发音，因此要学会拼音。

   由於拼音可以幫助我們發音，因此要學會拼音。

   Because Pinyin can help with our pronunciation, so we have to learn it.

4. 由于下雨了，所以今天的比赛取消了。

   由於下雨了，所以今天的比賽取消了。

   Because it is raining, today's game has been canceled.

4. 总是
   總是

zǒngshì

always; all the time

1. 那条船总是停住不动。

   那條船總是停住不動。

   That boat always stops there and doesn't move.

2. 我的女朋友总是给我打电话。

   我的女朋友總是給我打電話。

   My girlfriend rings me up all the time.

3. 他上课总是迟到。

   他上課總是遲到。

   He is always late for class.

5. 一点儿都/也
（不/没有）
一點兒都/也
（不/没有）

yīdiǎnr dōu/yě
(bù/méiyǒu)

not ... at all; not at all ...

1. 蜘蛛和蝙蝠一点儿都不好看。
   蜘蛛和蝙蝠一點兒都不好看。
   Spiders and bats are not good-looking at all.

2. 这一课的汉字一点儿也不难。
   這一課的漢字一點兒也不難。
   The Chinese characters in this lesson are not difficult at all.

3. 第六课的作业我一点儿都没有做。
   第六課的作業我一點兒都沒有做。
   I didn't do the homework for lesson 6 at all.

6. 不过
不過

bùguò

but; however

◆ "不过" introduces a concessive statement which is usually contrasting with what precedes it.

1. 喜鹊和乌鸦长得都是黑黑的，不过由于喜鹊的名字好听，因此人们都喜欢喜鹊。
   喜鵲和烏鴉長得都是黑黑的，不過由於喜鵲的名字好聽，因此人們都喜歡喜鵲。
   Magpies and crows are both black. However, because the name "xique" sounds nice, therefore, everyone likes magpies.

2. 你说的很对，不过我还是有些不相信。
   你說的很對，不過我還是有些不相信。
   What you said is absolutely right. However, I'm still rather dubious.

3. 中国饭很好吃，不过里面的油太多。
   中國飯很好吃，不過裡面的油太多。
   Chinese food is very delicious, but there is too much oil in it.

7. 既⋯⋯又／也
既⋯⋯又／也

jì ... yòu/yě

both ... and; as well as

◆ "既 ⋯⋯ 又" connects two adjectives or verbs indicating that the two states of affairs or actions exist simultaneously.

1. 人们既喜欢同音字又讨厌同音字。

   人們既喜歡同音字又討厭同音字。

   People like homonyms, but they hate them as well.

2. 我的女朋友既聪明又漂亮。

   我的女朋友既聰明又漂亮。

   My girlfriend is both smart and pretty.

3. 学中文既要学拼音也要学汉字。

   學中文既要學拼音也要學漢字。

   Learning Chinese requires you to learn Pinyin as well as Chinese characters.

中国人的姓名

中国人的姓名分两部分，前面是姓，后面是名。大多数人是一个字的单姓，例如：黄、王、张、李，也有人是两个字的复姓，例如：欧阳、西门、司马。名既有一个字的单名，也有两个字的双名。

由于父母都希望自己的孩子将来有一个好的生活，因此他们在给孩子起名字时就特别用心，把自己的希望寄托在孩子的名字上。

父母如果希望孩子将来有出息，孩子的名字就叫做大伟、大海；要是想让孩子长大后做生意发财，孩子的名字就叫金发、进财；有的父母只希望孩子一辈子平平安安，所以就叫小平、小安。

女孩子喜欢漂亮，她们的名字常常有美啊、丽啊，或者花啊、玉啊这些字。只要是漂亮的东西，不管是天上的彩霞还是地上的冰雪，甚至连空中细细的小雨，都可以成为女孩子的名字。

乐器能发出好听的声音，有的女孩子就叫小琴、小铃和小笛；小鸟的叫声也好听，有人就叫小莺、小燕和小鸥。

龙和凤是传说中的吉祥动物，有很多男孩子叫小龙、大龙；很多女孩子叫小凤、大凤。老虎和牛都很有力气，有的男孩子就叫小虎、大牛。

中国差不多有十四亿人，可是常用的姓只有几百个，所以同姓的人就有成千上万；每一个父母都想给孩子起一个好名字，很多父母都想出了一样的名字，于是就有许多人同名同姓。在中国人中间，你也许会见到一千个李燕，一万个张伟。

中國人的姓名

中國人的姓名分兩部分，前面是姓，後面是名。大多數人是一個字的單姓，例如：黃、王、張、李，也有人是兩個字的複姓，例如：歐陽、西門、司馬。名既有一個字的單名，也有兩個字的雙名。

由於父母都希望自己的孩子將來有一個好的生活，因此他們在給孩子起名字時就特別用心，把自己的希望寄托在孩子的名字上。

父母如果希望孩子將來有出息，孩子的名字就叫做大偉、大海；要是想讓孩子長大後做生意發財，孩子的名字就叫金發、進財；有的父母只希望孩子一輩子平平安安，所以就叫小平、小安。

女孩子喜歡漂亮，她們的名字常常有美啊、麗啊，或者花啊、玉啊這些字。只要是漂亮的東西，不管是天上的彩霞還是地上的冰雪，甚至連空中細細的小雨，都可以成為女孩子的名字。

樂器能發出好聽的聲音，有的女孩子就叫小琴、小鈴和小笛；小鳥的叫聲也好聽，有人就叫小鶯、小燕和小鷗。

龍和鳳是傳說中的吉祥動物，有很多男孩子叫小龍、大龍；很多女孩子叫小鳳、大鳳。老虎和牛都很有力氣，有的男孩子就叫小虎、大牛。

中國差不多有十四億人，可是常用的姓只有幾百個，所以同姓的人就有成千上萬；每一個父母都想給孩子起一個好名字，很多父母都想出了一樣的名字，於是就有許多人同名同姓。在中國人中間，你也許會見到一千個李燕，一萬個張偉。

生词
生詞
New Words

1	大多数　大多數	dàduōshù	n.	majority
2	单　單	dān	adj.	single
3	复　複	fù	adj.	compound
4	欧阳　歐陽	ōuyáng	n.	a compound surname
5	西门　西門	xīmén	n.	a compound surname
6	司马　司馬	sīmǎ	n.	a compound surname
7	双　雙	shuāng	adj.	double; two
8	将来　將來	jiānglái	n.	future
9	起（名字） 起（名字）	qǐ(míngzì)	v.	give (name)
10	用心　用心	yòngxīn	adj.	diligently; attentively
11	寄托　寄托	jìtuō	v.	place (one's hope) in
12	有出息　有出息	yǒu chūxi	adj.	successful
13	一辈子　一輩子	yībèizi	n.	all one's life
14	平平安安 平平安安	píngpíng ān'ān	adj.	safe and sound
15	玉　玉	yù	n.	jade
16	彩霞　彩霞	cǎixiá	n.	rosy clouds
17	冰雪　冰雪	bīngxuě	n.	ice and snow
18	空中　空中	kōngzhōng	n.	in the air
19	细　細	xì	adj.	thin
20	乐器　樂器	yuèqì	n.	musical instrument
21	发　發	fā	v.	generate
22	琴　琴	qín	n.	a general name for certain musical instruments
23	铃　鈴	líng	n.	bell
24	笛　笛	dí	n.	flute
25	鸟　鳥	niǎo	n.	bird

26	莺　鶯	yīng	*n.*	warbler; oriole
27	鸥　鷗	ōu	*n.*	sea-gull
28	凤　鳳	fèng	*n.*	phoenix
29	传说　傳說	chuánshuō	*v.n.*	relay; legend
30	吉祥　吉祥	jíxiáng	*adj.*	fortunate; promising
31	力气　力氣	lìqi	*n.*	physical strength; effort
32	亿　億	yì	*num.*	hundred million
33	成千上万 成千上萬	chéngqiān shàngwàn	*id.*	thousands upon thousands
34	也许　也許	yěxǔ	*adv.*	maybe

李燕!!

1. 中国人是怎么给孩子起名字的？
   中國人是怎麼給孩子起名字的？

   _____

2. 为什么说从孩子的名字上能看到父母的希望？
   為什麼説從孩子的名字上能看到父母的希望？

   _____

3. 女孩子的名字都有哪些字？
   女孩子的名字都有哪些字？

   _____

4. 女孩子的名字跟男孩子的有什么不一样？
   女孩子的名字跟男孩子的有什麼不一樣？

   _____

5. 为什么会有许多同名同姓的人？
   為什麼會有許多同名同姓的人？

   _____

中国常见吉祥动物和植物 / 中國常見吉祥動物和植物
Auspicious Animals and Plants in Chinese Culture

	名称　名稱	拼音　拼音	英文　英文	寓意　寓意
1	龙　龍	lóng	dragon	传说中的动物，表示吉祥。 傳說中的動物，表示吉祥。
2	凤　鳳	fèng	phoenix	传说中的动物，表示吉祥。 傳說中的動物，表示吉祥。
3	麒麟　麒麟	qílín	qilin	传说中的动物，表示吉祥。 傳說中的動物，表示吉祥。
4	狮子　獅子	shīzi	lion	兽王，表示平安。 獸王，表示平安。
5	鹤　鶴	hè	crane	寿命长，高雅，表示长寿。 壽命長，高雅，表示長壽。
6	龟　龜	guī	turtle	寿命长，灵气，表示长寿。 壽命長，靈氣，表示長壽。
7	象　象	xiàng	elephant	与"祥"同音，表示吉祥 與"祥"同音，表示吉祥
8	羊　羊	yáng	sheep	与"祥"同音，表示吉祥。 與"祥"同音，表示吉祥。
9	鹿　鹿	lù	deer	与"禄"同音，表示发财。 與"祿"同音，表示發財。
10	猴　猴	hóuzi	monkey	与"侯"同音，表示升官。 與"侯"同音，表示升官。
11	鱼　魚	yú	fish	与"余"同音，表示富裕。 與"餘"同音，表示富裕。
12	蝙蝠　蝙蝠	biānfú	bat	与"福"同音，表示福气。 與"福"同音，表示福氣。
13	喜鹊　喜鵲	xǐquè	magpie	与"喜"同音，表示喜气。 與"喜"同音，表示喜氣。
14	喜蛛　喜蛛	xǐzhū	spider	与"喜"同音，表示喜气。 與"喜"同音，表示喜氣。
15	孔雀　孔雀	kǒngquè	peacock	孔雀毛是官帽上的装饰，表示升官。 孔雀毛是官帽上的裝飾，表示升官。
16	金橘　金橘	jīnjú	kumquat	与"吉"同音，表示发财。 與"吉"同音，表示發財。
17	石榴　石榴	shíliu	pomegranate	表示多子多福。 表示多子多福。
18	桃子　桃子	táozi	peach	祝寿水果，表示长寿。 祝壽水果，表示長壽。
19	灵芝　靈芝	língzhī	ganoderma lucidum	有祥云图案，表示吉祥。 有祥雲圖案，表示吉祥。
20	荷花　荷花	héhuā	lotus flower	与"和"同音，表示和睦幸福。 與"和"同音，表示和睦幸福。

21	百合	百合	bǎihé	lily	与"和"同音，表示如意和睦。 與"和"同音，表示如意和睦。
22	竹子	竹子	zhúzi	bamboo	中空，表示虚心向上，节节升高；报平安。 中空，表示虚心向上，節節升高；報平安。
23	松树	松樹	sōngshù	pine tree	长青树，表示长寿。 長青樹，表示長壽。
24	桂树	桂樹	guìshù	cassia tree	与"贵"同音，表示富贵。 與"貴"同音，表示富貴。

中国重名最多的前30个姓名 / 中國重名最多的前30個姓名
The Top 30 Names that People like to Use in China

	姓名	姓名	数量　數量		姓名	姓名	数量　數量
1	张伟	張偉	299025	16	李强	李強	230717
2	王伟	王偉	290619	17	王敏	王敏	223595
3	王芳	王芳	277293	18	李敏	李敏	223469
4	李伟	李偉	269453	19	王磊	王磊	219127
5	李娜	李娜	258581	20	刘洋	劉洋	214420
6	张敏	張敏	245553	21	王艳	王艷	206119
7	李静	李靜	243644	22	王勇	王勇	204173
8	王静	王靜	243339	23	李军	李軍	204023
9	刘伟	劉偉	241621	24	张勇	張勇	203077
10	王秀英	王秀英	241189	25	李杰	李傑	202421
11	张丽	張麗	241075	26	张杰	張傑	199789
12	李秀英	李秀英	240742	27	张磊	張磊	198962
13	王丽	王麗	236097	28	王强	王強	195956
14	张静	張靜	232060	29	李娟	李娟	195589
15	张秀英	張秀英	231114	30	王军	王軍	193723

zhōngguó rénkǒu hé jìhuà shēngyù

中国人口和计划生育
中國人口和計劃生育
Chinese Population and Family Planning

学习大纲和学习目标

通过学习本课，学生应该能够：

1. 掌握这些句型和词语的意思和用法：
   1) 百分之 X
   2) "以上"和"以下"
   3) 却
   4) "尤其"和"特别"
   5) 非 …… 不可（不成 / 不行）
   6) 对于 / 对
   7) 自从
2. 认识和运用课文以及阅读文章内的生词。
3. 了解和叙述中国计划生育的原因。
4. 了解和叙述中国的独生子女现象。

<table>
<tr><td>

學習大綱和學習目標

</td><td>

Study Outline and Objectives

</td></tr>
</table>

通過學習本課，學生應該能夠：

1. 掌握這些句型和詞語的意思和用法：
   1）百分之 X
   2）"以上"和"以下"
   3）卻
   4）"尤其"和"特別"
   5）非 …… 不可（不成 / 不行）
   6）對於 / 對
   7）自從
2. 認識和運用課文以及閱讀文章內的生詞。
3. 瞭解和敘述中國計劃生育的原因。
4. 瞭解和敘述中國的獨生子女現象。

After studying this chapter, students should:

1. Have a good command of the meaning and usage of these sentence patterns and terms:
   1) bǎifēnzhī X (X percent)
   2) "yǐshàng" and "yǐxià" (more than; over; above) and (less than; below)
   3) què (but; however)
   4) "yóuqí" and "tèbié" (especially; particularly)
   5) fēi ...bùkě (bùchéng/bùxíng) (insist on; must; have to)
   6) duìyú/duì (for; to; with regard to)
   7) zìcóng (since; ever since)
2. Be familiar with the meaning and usage of the vocabulary introduced in the text and reading.
3. Understand and describe the reasons for the Family Planning policy in China.
4. Understand and describe the phenomenon of the single child in China.

中国人口和计划生育

中国是世界上人口最多的国家，有十三亿六千多万人，中国人占世界总人口的百分之十八以上。

为什么中国有这么多的人呢？这是因为千百年来中国人有一种"多子多福""养儿防老""传宗接代"的传统观念。多子多福是说，孩子多了，自己的福气就多；养儿防老是说，养了孩子，老的时候就会有人照顾；传宗接代是说，生孩子可以延续自己的家族。所以人们都想多生孩子，特别想多生男孩子，于是中国人口就越来越多了。

一个国家的人口太多了，人们的生活水平就会下降，吃饭、穿衣、住房就会出现问题。1979年中国政府为了控制人口增长，制定了一项计划生育政策，规定除了少数民族和有特殊情况的人以外，一个家庭只能生一个孩子。

虽然政府规定一家只能生一个孩子，但是有些人却不愿意只生一个孩子，尤其不愿意只生一个女孩子，他们非要多生几个不可。对于这些人，政府就用一些方法制裁他们，例如：当官的撤销官职，有工作的开除公职，还有罚款什么的。

自从有了计划生育政策，中国的人口增长得到了很好的控制，报纸上说，如果没有30多年的计划生育政策，中国现在的人口可能会达到十五六亿，甚至更多。

人口增长虽然得到了控制，但是又出现了老年人口过多的问题，现在60岁以上的老人将近两亿，占中国总人口的百分之十四以上。为了解决这个问题，2015年中国政府发布新的计划生育政策，一个家庭可以生两个孩子。

中國人口和計劃生育

中國是世界上人口最多的國家，有十三億六千多萬人，中國人占世界總人口的百分之十八以上。

為什麼中國有這麼多的人呢？這是因為千百年來中國人有一種"多子多福""養兒防老""傳宗接代"的傳統觀念。多子多福是說，孩子多了，自己的福氣就多；養兒防老是說，養了孩子，老的時候就會有人照顧；傳宗接代是說，生孩子可以延續自己的家族。所以人們都想多生孩子，特別想多生男孩子，於是中國人口就越來越多了。

一個國家的人口太多了，人們的生活水平就會下降，吃飯、穿衣、住房就會出現問題。1979年中國政府為了控制人口增長，制定了一項計劃生育政策，規定除了少數民族和有特殊情況的人以外，一個家庭只能生一個孩子。

雖然政府規定一家只能生一個孩子，但是有些人卻不願意只生一個孩子，尤其不願意只生一個女孩子，他們非要多生幾個不可。對於這些人，政府就用一些方法制裁他們，例如：當官的撤銷官職，有工作的開除公職，還有罰款什麼的。

自從有了計劃生育政策，中國的人口增長得到了很好的控制，報紙上說，如果沒有30多年的計劃生育政策，中國現在的人口可能會達到十五六億，甚至更多。

人口增長雖然得到了控制，但是又出現了老年人口過多的問題，現在60歲以上的老人將近兩億，占中國總人口的百分之十四以上。為了解決這個問題，2015年中國政府發布新的計劃生育政策，一個家庭可以生兩個孩子。

生词
生詞
New Words

1	计划　計劃	jìhuà	v.	plan
2	生育　生育	shēngyù	v.	give birth to; bear
3	占　占	zhàn	v.	occupy; account for
4	总　總	zǒng	adj.	overall; total
5	这么　這麼	zhème	pn.	so; such; in this way (indicating nature, state, way, degree, etc.)
6	传统　傳統	chuántǒng	adj.	traditional
7	观念　觀念	guānniàn	n.	concept; notion
8	多子多福　多子多福	duōzǐduōfú	id.	the more sons, the more happiness
9	养儿防老　養兒防老	yǎng'érfánglǎo	id.	raise sons to support parents in old age
10	传宗接代　傳宗接代	chuánzōngjiēdài	id.	carry on the family line
11	照顾　照顧	zhàogù	v.	take care for; look after
12	家族　家族	jiāzú	n.	clan; family
13	延续　延續	yánxù	v.	continue; go on
14	水平　水平	shuǐpíng	n.	level
15	下降　下降	xiàjiàng	v.	decline; drop
16	政府　政府	zhèngfǔ	n.	government
17	控制　控制	kòngzhì	v.	control

18	增长	增長	zēngzhǎng	v.	increase; rise
19	制定	制定	zhìdìng	v.	establish; formulate
20	政策	政策	zhèngcè	n.	policy
21	规定	規定	guīdìng	v.	stipulate; specify
22	特殊	特殊	tèshū	adj.	special; unusual
23	情况	情況	qíngkuàng	n.	situation
24	制裁	制裁	zhìcái	v.	place sanctions on; punish
25	当官	當官	dāngguān	v.	be an official
26	撤销	撤銷	chèxiāo	v.	dismiss from; rescind
27	官职	官職	guānzhí	n.	official position
28	开除	開除	kāichú	v.	fire; discharge from
29	公职	公職	gōngzhí	n.	public employment
30	罚款	罰款	fákuǎn	v.	fine; punish by levying fine
31	达到	達到	dádào	v.	reach; achieve
32	得到	得到	dédào	v.	get; gain
33	过多	過多	guòduō	adj.	excess; too much
34	将近	將近	jiāngjìn	adv.	nearly; almost; close to
35	解决	解決	jiějué	v.	solve; resolve
36	发布	發布	fābù	v.	release; publish

1. 百分之 X
   百分之 X

băifēnzhī X

X percent

1. 中国人口占世界总人口的百分之十八。
   中國人口占世界總人口的百分之十八。

   China's population accounts for eighteen percent of the total world population.

2. 我们班上百分之八十的同学都有中国名字。
   我們班上百分之八十的同學都有中國名字。

   Eighty percent of students in our class have Chinese names.

3. 全世界百分之二十的人会说中文。
   全世界百分之二十的人會説中文。

   Twenty percent of people in the world are able to speak Chinese.

2. "以上"和"以下"
   "以上"和"以下"

"yǐshàng" and "yǐxià"

"more than; over; above" and "less than; below"

- "以上" means more than a certain number or above a certain point. "以下" means less than a certain number or below a certain point.

1. 中国人口占世界总人口的百分之十八以上。
   中國人口占世界總人口的百分之十八以上。

   China's population accounts for more than eighteen percent of the total world population.

2. 现在大学的学费都在三万块钱以上。
   現在大學的學費都在三萬塊錢以上。

   Now all university tuition fees are more than thirty thousand dollars.

3. 二十一岁以下的人不能喝酒。
   二十一歲以下的人不能喝酒。

   No one under the age of twenty-one can consume alcohol.

4. 九十分以下是 B。
   九十分以下是 B。

   The grade below 90 points is a B.

3. 却
   卻

   què

   but; however

   ◆ "却" is often used after the subject of the second clause of a sentence. Like "可是" or "但是", it indicates a contrastive situation. Sometimes, it can be used with "可是" or "但是", but is used more often in writing form.

   1. 但是有一些人却不愿意只生一个孩子。

      但是有一些人卻不願意只生一個孩子。

      But some people don't want to have only one child.

   2. 我吃了很多，却还是饿。

      我吃了很多，卻還是餓。

      I ate a lot of food, but I am still hungry.

   3. 今天考试这么容易，我却没有考好。

      今天考試這麼容易，我卻沒有考好。

      Today's exam was so easy, but I didn't do well.

4. "尤其"和"特别"
"尤其"和"特别"

"yóuqí" and "tèbié"
especially; particularly

◆ "尤其" and "特别" both mean "especially".

1. 许多人不愿意只生一个孩子，尤其（特别）不愿意只生一个女孩子。

   許多人不願意只生一個孩子，尤其（特別）不願意只生一個女孩子。

   Many people are not willing to have only one child, especially when that child is a girl.

2. 很多人想多生孩子，尤其（特别）是那些有传统观念的人。

   很多人想多生孩子，尤其（特別）是那些有傳統觀念的人。

   Many people want to have more children, especially those who have traditional ideas.

3. 东方语言都很难学，尤其（特别）是中文。

   東方語言都很難學，尤其（特別）是中文。

   Asian languages are all difficult to learn, especially Chinese.

◆ "尤其" is used to show something is outstanding in a group, so it is used in the second clause.

4. 这几天特别冷，尤其是今天。

   這幾天特別冷，尤其是今天。

   It's been particularly cold recently, especially today.

5. 中国饭特别好吃，尤其是小笼包子。

   中國飯特別好吃，尤其是小籠包子。

   Chinese food is particularly delicious, especially steamed dumplings.

5. 非……不可
（不行／不成）
非……不可
（不行／不成）

fēi ...bùkě (bùxíng/
bùchéng)

insist on; must; have to

◆ "非……不可" expresses a sense of necessity. "不可" can be replaced by "不行" and "不成", or can be omitted in spoken Chinese.

1. 他们非要多生几个孩子不可。
   他們非要多生幾個孩子不可。
   They insist on having more children.

2. 我有很多作业，今天晚上非做完不行。
   我有很多作業，今天晚上非做完不行。
   I have a lot of homework. I have to finish them tonight.

3. 今天是我妈妈的生日，晚上我非回家不成。
   今天是我媽媽的生日，晚上我非回家不成。
   Today is my mother's birthday, I must go home tonight.

4. 你不让我去，我非要去。
   你不讓我去，我非要去。
   You won't let me go there, but I must go.

6. 对于／对
對於／對

duìyú/ duì

for; to; with regard to

◆ Both "对于" and "对" is used before or after noun phrases or the subject of a sentence to indicate the things or people that are related to the action .

1. 对于这些多生孩子的人，政府就用一些方法来制裁他们。
   對於這些多生孩子的人，政府就用一些方法來制裁他們。
   For those people who have more than one child, the government has adopted some ways to punish them.

2. 成绩对(于)学生很重要。
   成績對(於)學生很重要。
   The grades are very important to students.

3. 对(于)这个问题，我也不知道应该怎么回答。
   對(於)這個問題，我也不知道應該怎麼回答。
   For this question, I also don't know how to answer.

7. 自从
自從

zìcóng

since; ever since

◆ "自從" shows the starting point of a period in the past. It is often combined with "以後" to express a period of time from a point in the past up to now.

1. 自从有了计划生育政策，中国人口增长得到了很好的控制。

   自從有了計劃生育政策，中國人口增長得到了很好的控制。

   Since the implementation of the Family Planning policy, the growth of the Chinese population has been well controlled.

2. 自从上了大学，我12点以前没有睡过觉。

   自從上了大學，我12點以前沒有睡過覺。

   Since entering college, I've never gone to bed before 12 o' clock.

3. 自从考试得了A以后，他学中文更用功了。

   自從考試得了A以後，他學中文更用功了。

   Ever since he received an A in the exam, he has been studying Chinese even harder.

独生子女

1979年中国政府为了控制人口增长的速度，制定了一项计划生育政策，这项政策规定每个家庭只能生一个孩子。自从有了计划生育政策，中国大陆就出现了"独生子女"这样一个特殊的名称。

由于独生子女是家里唯一的孩子，是全家人的宝贝，于是父母们给这个孩子吃最好的，穿最好的，为了孩子将来能有出息，还让孩子学很多东西，例如：学乐器、学跳舞、学功夫、学外语什么的。

因为全家人都特别宠爱这个孩子，这个孩子就像一个小皇帝；因为所有的人都围着这个孩子转，这个孩子就像一个小太阳。

有些人担心，这些没有兄弟姐妹的孩子从小被过分宠爱、过分娇惯，长大以后会比较自私，会没有朋友，会很孤独。也有人说，不用担心，当每一个孩子都是小太阳的时候，谁都不是小太阳了；当每一个孩子都是小皇帝的时候，谁也不是小皇帝了。孩子们觉得孤独的时候，自己会去交朋友的。

从1979年到现在，差不多四十年了，今天，很多独生子女都长大了，工作了。这些独生子女都有很多朋友，他们不自私，也不孤独，而且由于从小受到良好的教育，他们都很聪明，也很能干。

计划生育政策控制了人口增长的速度，但是现在又有了老年人口过多的问题。2015年政府发布了新的计划生育政策，允许一个家庭生两个孩子。以后虽然有的家庭还会只生一个孩子，但是"独生子女"这个特殊时期出现的名称会慢慢消失的。

獨生子女

1979年中國政府為了控制人口增長的速度，制定了一項計劃生育政策，這項政策規定每個家庭只能生一個孩子。自從有了計劃生育政策，中國大陸就出現了"獨生子女"這樣一個特殊的名稱。

由於獨生子女是家裏唯一的孩子，是全家人的寶貝，於是父母們給這個孩子吃最好的，穿最好的，為了孩子將來能有出息，還讓孩子學很多東西，例如：學樂器、學跳舞、學功夫、學外語什麼的。

因為全家人都特別寵愛這個孩子，這個孩子就像一個小皇帝；因為所有的人都圍著這個孩子轉，這個孩子就像一個小太陽。

有些人擔心，這些沒有兄弟姐妹的孩子從小被過分寵愛、過分嬌慣，長大以後會比較自私，會沒有朋友，會很孤獨。也有人說，不用擔心，當每一個孩子都是小太陽的時候，誰都不是小太陽了；當每一個孩子都是小皇帝的時候，誰也不是小皇帝了。孩子們覺得孤獨的時候，自己會去交朋友的。

從1979年到現在，差不多四十年了，今天，很多獨生子女都長大了，工作了。這些獨生子女都有很多朋友，他們不自私，也不孤獨，而且由於從小受到良好的教育，他們都很聰明，也很能幹。

計劃生育政策控制了人口增長的速度，但是現在又有了老年人口過多的問題。2015年政府發布了新的計劃生育政策，允許一個家庭生兩個孩子。以後雖然有的家庭還會只生一個孩子，但是"獨生子女"這個特殊時期出現的名稱會慢慢消失的。

生词
生詞
New Words

1	独生子女 獨生子女	dúshēngzǐnǚ	n.	only child
2	速度　速度	sùdù	n.	speed
3	大陆　大陸	dàlù	prn.	mainland
4	宝贝　寶貝	bǎobèi	n.	baby; darling
5	跳舞　跳舞	tiàowǔ	v.	dance
6	功夫　功夫	gōngfu	n.	martial arts
7	担心　擔心	dānxīn	v.	worry about
8	宠爱　寵愛	chǒngài	v.	dote on; spoil
9	所有　所有	suǒyǒu	n.	every; all
10	围着　圍著	wéizhe	v.	enclose; surround
11	转　轉	zhuàn	v.	turn
12	兄弟姐妹 兄弟姐妹	xiōngdìjiěmèi	n.	brothers and sisters; siblings
13	过分　過分	guòfèn	adj.	excess
14	娇惯　嬌慣	jiāoguàn	v.	spoil
15	自私　自私	zìsī	adj.	selfish
16	孤独　孤獨	gūdú	adj.	lonely
17	交朋友　交朋友	jiāopéngyǒu	v.	make friends
18	受到　受到	shòudào	v.	receive
19	良好　良好	liánghǎo	adj.	good
20	教育　教育	jiàoyù	n.	education
21	允许　允許	yǔnxǔ	v.	allow
22	时期　時期	shíqī	n.	period

问题 / 問題　**Questions**

1. "独生子女"这个名称是怎么来的？是从什么时候开始的？
   "獨生子女"這個名稱是怎麼來的？是從什麼時候開始的？

   _____

2. 为什么父母特别宠爱独生子女？
   為什麼父母特別寵愛獨生子女？

   _____

3. 人们担心独生子女长大以后会怎么样？
   人們擔心獨生子女長大以後會怎麼樣？

   _____

4. 为什么把独生子女叫小皇帝？叫小太阳？
   為什麼把獨生子女叫小皇帝？叫小太陽？

   _____

5. 独生子女长大以后怎么样了？
   獨生子女長大以後怎麼樣了？

   _____

部分国家人口数量排列表 / 部分國家人口數量排列表
Population of Some Countries

	国家 / 地区 國家 / 地區	拼音　拼音	英文　英文	人口　人口	占世界比例 (%) 占世界比例 (%)
	世界　世界	shìjiè	World	7,306,000,000	100
1	中国　中國	zhōngguó	China	1,374,900,000	18.82
2	印度　印度	yìndù	India	1,306,300,000	17.88
3	美国　美國	měiguó	USA	323,010,000	4.42
4	印尼　印尼	yìnní	Indonesia	258,080,000	3.53
5	巴西　巴西	bāxī	Brazil	205,500,000	2.81
6	巴基斯坦 巴基斯坦	bājīsītǎn	Pakistan	192,850,000	2.64
7	尼日利亚 尼日利亞	nírìlìyà	Nigeria	182,740,000	2.5
8	孟加拉国 孟加拉國	mèngjiālāguó	Bangladesh	164,930,000	2.26
9	俄罗斯　俄羅斯	éluósī	Russia	146,360,000	2
10	日本　日本	rìběn	Japan	126,810,000	1.73
11	墨西哥　墨西哥	mòxīgē	Mexico	126,440,000	1.73
12	埃塞俄比亚 埃塞俄比亞	āisāiébǐyà	Ethiopia	104,400,000	1.43
13	菲律宾　菲律賓	fēilùbīn	the Philippines	102,630,000	1.4
14	越南　越南	yuènán	Vietnam	92,658,000	1.27
15	埃及　埃及	āijí	Egypt	90,155,000	1.23
16	德国　德國	déguó	Germany	79,758,000	1.09
17	伊朗　伊朗	yīlǎng	Iran	78,920,000	1.08
18	土耳其　土耳其	tǔěrqí	Turkey	77,720,000	1.06
19	刚果（金） 剛果（金）	gāngguǒ	Congo	72,853,000	1
20	泰国　泰國	tàiguó	Thailand	68,311,000	0.94
21	法国　法國	fǎguó	France	67,019,000	0.92
22	英国　英國	yīngguó	United Kingdom	65,040,000	0.89
23	意大利　意大利	yìdàlì	Italy	60,547,000	0.83

中国少数民族一览表 / 中國少數民族一覽表
Chinese Ethnic Minorities

	中文名称 中文名稱	主要生活居住地 主要生活居住地	汉语拼音 漢語拼音	英文名称 英文名稱
1	阿昌族　阿昌族	云南　雲南	āchāngzú	the Achang nationality
2	白族　白族	云南　雲南	báizú	the Bai (Pai)
3	保安族　保安族	甘肃　甘肅	bǎo'ānzú	the Bonan
4	布朗族　布朗族	云南　雲南	bùlǎngzú	the Blang
5	布依族　布依族	西南地区　西南地區	bùyīzuú	the Bouyei
6	朝鲜族　朝鲜族	东北地区　東北地區	cháoxiǎnzú	the Chaoxian
7	达斡尔族 達斡爾族	内蒙　內蒙	dáwò'ěrzú	the Daur
8	傣族　傣族	云南　雲南	dǎizú	the Dai (Tai)
9	德昂族　德昂族	云南　雲南	dé'ángzú	the Eluosi
10	东乡族　東鄉族	甘肃　甘肅	dōngxiāngzú	theDongxiang
11	侗族　侗族	湖南、贵州、广西 湖南、貴州、廣西	dòngzú	the Dong (Tung)
12	独龙族　獨龍族	云南　雲南	dúlóngzú	the Drung
13	鄂伦春族 鄂倫春族	东北地区　東北地區	èlúnchūnzú	the Oroqen
14	俄罗斯族 俄羅斯族	新疆、内蒙、东北地区 新疆、內蒙、東北地區	éluósīzú	the Eluosi
15	鄂温克族 鄂溫克族	内蒙、黑龙江 內蒙、黑龍江	èwēnkèzú	the Ewenki
16	高山族　高山族	台湾、福建、湖北 臺灣、福建、湖北	gāoshānzú	the Gaoshan
17	仡佬族　仡佬族	贵州　貴州	gélǎozú	the Gelo
18	哈尼族　哈尼族	云南　雲南	hānízú	the Hani
19	哈萨克族 哈薩克族	新疆　新疆	hāsākèzú	the Kazak
20	赫哲族　赫哲族	黑龙江　黑龍江	hèzhézú	the Hezhe
21	回族　回族	各地　各地	huízú	the Hui
22	基诺族　基諾族	云南　雲南	jīnuòzú	the Jino
23	景颇族　景頗族	云南　雲南	jǐngpōzú	the Jingpo
24	京族　京族	广西　廣西	jīngzú	the Jing

	中文名称 中文名稱	主要生活居住地 主要生活居住地	汉语拼音 漢語拼音	英文名称 英文名稱
25	柯尔克孜族 柯爾克孜族	新疆　新疆	kē'ěrkèzīzú	the Kirgiz
26	拉祜族　拉祜族	云南　雲南	lāhùzu	the Lahu
27	珞巴族　珞巴族	甘肃　甘肅	luòbāzú	the Lhoba
28	傈僳族　傈僳族	云南　雲南	lìsùzú	the Lisu
29	黎族　黎族	海南岛　海南島	lízú	the Li
30	满族　滿族	辽宁　遼寧	mǎnzú	the Man
31	毛南族　毛南族	广西　廣西	máonánzú	the Maonan
32	门巴族　門巴族	西藏　西藏	ménbāzú	the Moinba
33	蒙古族　蒙古族	内蒙古　內蒙古	měnggǔzú	the Monggol
34	苗族　苗族	西南地区　西南地區	miáozú	the Miao
35	仫佬族　仫佬族	西南地区　西南地區	mùlǎozú	the Mulam
36	纳西族　納西族	云南　雲南	nàxīzú	the Naxi
37	怒族　怒族	云南　雲南	nùzú	the Nu
38	普米族　普米族	云南、四川 雲南、四川	pǔmǐzú	the Pumi
39	羌族　羌族	四川　四川	qiāngzú	the Qiang
40	撒拉族　撒拉族	青海　青海	sālāzú	the Salar
41	佘族　佘族	东南地区　東南地區	shēzú	the She
42	水族　水族	云南贵州　雲南貴州	shuǐzú	the Shui
43	塔吉克族 塔吉克族	新疆　新疆	tǎjíkèzú	the Tajik
44	塔塔尔族 塔塔爾族	新疆　新疆	tǎtǎ'ěrzú	the Tatar
45	土家族　土家族	湖南、湖北、四川、贵州 湖南、湖北、四川、貴州	tǔjiāzú	the Tujia
46	土族　土族	青海、甘肃 青海、甘肅	tǔzú	the Tu
47	佤族　佤族	云南　雲南	wǎzú	the Va (Wa)
48	维吾尔族 維吾爾族	新疆　新疆	wéiwú'ěrzú	the Uygur
49	乌孜别克族 烏孜別克族	新疆　新疆	wūzībiékèzú	the Ozbek

中文名称 中文名稱	主要生活居住地 主要生活居住地	汉语拼音 漢語拼音	英文名称 英文名稱
50	锡伯族　錫伯族	新疆、辽宁、吉林、黑龙江 新疆、遼寧、吉林、黑龍江	xībózú	the Xibe
51	瑶族　瑤族	西南地区　西南地區	yáozú	the Yao
52	彝族　彝族	云南、四川、贵州、广西 雲南、四川、貴州、廣西	yízú	the Yi
53	裕固族　裕固族	甘肃　甘肅	yùgùzú	the Yugur
54	藏族　藏族	西藏、青海、甘肃、四川、云南 西藏、青海、甘肅、四川、雲南	zàngzú	the Zang (Tibetan)
55	壮族　壯族	西南地区　西南地區	zhuàngzú	the Zhuang

kǒngzǐ

孔子
孔子
Confucius

通过学习本课，学生应该能够：

1. 掌握这些句型和词语的意思和用法：
   1）为
   2）不只是……也/还
   3）把……当做
   4）"受到"和"得到"
   5）以及
   6）在……方面
   7）即使……也
2. 认识和运用课文以及阅读文章内的生词。
3. 了解孔子和他的思想。
4. 简单叙述孟母三迁的故事。

通過學習本課，學生應該能夠：

1. 掌握這些句型和詞語的意思和用法：
   1）為
   2）不只是⋯⋯也／還
   3）把⋯⋯當做
   4）"受到"和"得到"
   5）以及
   6）在⋯⋯方面
   7）即使⋯⋯也
2. 認識和運用課文以及閱讀文章內的生詞。
3. 瞭解孔子和他的思想。
4. 簡單敘述孟母三遷的故事。

After studying this chapter, students should:

1. Have a good command of the meaning and usage of these sentence patterns and terms:
   1) wéi (be)
   2) bùzhǐshì…yě/hái (not only…but also)
   3) bǎ…dàngzuò (treat as; regard as)
   4) "shòudào" and "dédào" (get; be given; receive; and gain)
   5) yǐjí (as well as; and)
   6) zài…fāngmiàn (in the aspect of; in terms of)
   7) jíshǐ… yě (even if…still)
2. Be familiar with the meaning and usage of the vocabulary introduced in the text and reading.
3. Understand Confucius and his ideology.
4. Briefly narrate the story of Mencius' childhood.

孔子

波士顿中国城的牌楼上有"天下为公"四个大字，"天下为公"意思是说天下是公众的，是所有人的。这句话是孔子说的，孔子还说，天下为公就是"大同世界"。

什么是大同世界？大同世界是一个人们相互信任、和睦相处的社会。在大同世界里，人们不只是把自己的亲人当做亲人，也把别人的亲人当做亲人；不只是爱自己的孩子，也爱别人的孩子。

在大同世界里，老人可以得到照顾，小孩子可以受到教育，鳏、寡、孤、独以及身体有残疾的人都可以得到帮助。在大同世界里，社会安定，路不拾遗，夜不闭户。

孔子是一位伟大的思想家，也是一位伟大的教育家。在教育方面，他主张"有教无类"，"教"是教育，"类"是类别，这句话的意思是说，不管是贵族还是平民，即使是穷人，也应该受到教育。因为当时的学校只收贵族学生，孔子就自己办了一所学校，他的学生既有贵族，也有平民。

孔子说的话都非常有道理，他说过"温故知新"，"温"是复习，"故"是以前的，意思是复习以前学过的东西，可以得到新的知识。他还说过"知之为知之，不知为不知"，意思是知道就是知道，不知道就是不知道，不懂不要装懂。

孔子的话对人们很有帮助，于是大家都非常尊敬他，把他叫做圣人。孔子去世以后，他的学生把他说的话编成一本书，叫做《论语》。

几千年过去了，现在中国人不但还在读《论语》这本书，还在讲孔子说过的话，而且把孔子的话刻写在中国和世界许多地方。

孔子

波士頓中國城的牌樓上有"天下為公"四個大字，"天下為公"意思是説天下是公眾的，是所有人的。這句話是孔子説的，孔子還説，天下為公就是"大同世界"。

什麼是大同世界？大同世界是一個人們相互信任、和睦相處的社會。在大同世界裏，人們不只是把自己的親人當做親人，也把別人的親人當做親人；不只是愛自己的孩子，也愛別人的孩子。

在大同世界裏，老人可以得到照顧，小孩子可以受到教育，鰥、寡、孤、獨以及身體有殘疾的人都可以得到幫助。在大同世界裏，社會安定，路不拾遺，夜不閉戶。

孔子是一位偉大的思想家，也是一位偉大的教育家。在教育方面，他主張"有教無類"，"教"是教育，"類"是類別，這句話的意思是説，不管是貴族還是平民，即使是窮人，也應該受到教育。因為當時的學校只收貴族學生，孔子就自己辦了一所學校，他的學生既有貴族，也有平民。

孔子説的話都非常有道理，他説過"溫故知新"，"溫"是複習，"故"是以前的，意思是複習以前學過的東西，可以得到新的知識。他還説過"知之為知之，不知為不知"，意思是知道就是知道，不知道就是不知道，不懂不要裝懂。

孔子的話對人們很有幫助，於是大家都非常尊敬他，把他叫做聖人。孔子去世以後，他的學生把他説的話編成一本書，叫做《論語》。

幾千年過去了，現在中國人不但還在讀《論語》這本書，還在講孔子説過的話，而且把孔子的話刻寫在中國和世界許多地方。

1	波士顿　波士頓	bōshìdùn	*prn.*	Boston
2	牌楼　牌樓	páilóu	*n.*	decorated archway; ornamental archway
3	天下为公 天下為公	tiānxiàwéigōng	*id.*	everything under heaven belongs to everyone
4	公众　公眾	gōngzhòng	*n.*	the public
5	大同世界 大同世界	dàtóngshìjiè	*id.*	The Great Harmony (an ideal or perfect society)
6	相互信任 相互信任	xiānghùxìnrèn	*v.*	mutual trust; trust each other
7	和睦相处 和睦相處	hémùxiāngchǔ	*id.*	get along in harmony
8	亲人　親人	qīnrén	*n.*	one's family members; loved ones
9	鳏　鰥	guān	*n.*	wifeless; widowered
10	寡　寡	guǎ	*n.*	widow
11	孤　孤	gū	*n.*	(of a child) fatherless; orphaned
12	独　獨	dú	*n.*	old people without offspring; the childless
13	残疾　殘疾	cánjí	*n.*	the disabled
14	安定　安定	āndìng	*adj.*	stable; quiet
15	路不拾遗 路不拾遺	lùbùshíyí	*id.*	no one picks up and pockets anything lost on the road — descriptive of a high moral standard in society
16	夜不闭户 夜不閉戶	yèbùbìhù	*id.*	doors are not bolted at night
17	思想家　思想家	sīxiǎngjiā	*n.*	ideologist
18	教育家　教育家	jiàoyùjiā	*n.*	educator
19	主张　主張	zhǔzhāng	*v.*	advocate; stand for
20	有教无类 有教無類	yǒujiàowúlèi	*id.*	make no social distinctions in teaching; provide education without discrimination
21	无　無	wú	*v.*	do not have; without

22	类别　類別	lèibié	n.	class; classification; category
23	收　收	shōu	v.	admit
24	贵族　貴族	guìzú	n.	noble; nobility
25	办 (学) 辦 (學)	bàn (xué)	v.	run a school
26	平民　平民	píngmín	n.	the common people
27	穷人　窮人	qióngrén	n.	poor people
28	道理　道理	dàoli	n.	principle; reason
29	温故知新 溫故知新	wēngùzhīxīn	id.	gain new insights through restudying old material
30	知识　知識	zhīshi	n.	knowledge; intellectual
31	知之为知之， 不知为不知 知之為知之， 不知為不知	zhīzhīwéizhīzhī, bùzhīwéibùzhī	id.	If you know, recognise that you know. If you don't know, realise that you don't know. ("之" has no meaning in this idiom）
32	装　裝	zhuāng	v.	pretend; make believe
33	尊敬　尊敬	zūnjìng	v.	respect
34	圣人　聖人	shèngrén	n.	sage; wise man
35	去世　去世	qùshì	v.	die; pass away
36	编　編	biān	v.	organize or arrainge according to a certain order.
37	论语　論語	lúnyǔ	prn.	The Analects of Confucius

1. 为

为

wéi

to be

1. 中国城的牌楼上有"天下为公"四个大字。
   中國城的牌樓上有"天下為公"四個大字。

   There are four big characters, "天下为公" on the Chinatown's archway.

2. 孔子说："知之为知之，不知为不知。"
   孔子説："知之為知之，不知為不知。"

   Confucius said: "If you know, recognise that you know. If you don't know realise, that you don't know."

3. 在中国，十寸为一尺。
   在中國，十寸為一尺。

   In China, ten inches is a foot.

2. 不只是……
也 / 还
不只是……
也 / 還

bùzhǐshì…yě/hái

not only...but also

◆ "不只是……也 / 还" indicates further meaning beyond the preceding meaning, "也 / 还" is used in the second clause that introduces a further statement.

1. 人们不只是把自己的亲人当做亲人，把别人的亲人也当做亲人。
   人們不只是把自己的親人當做親人，把別人的親人也當做親人。

   People not only treat their loved ones as relatives, but also other's loved ones as their own relatives.

2. 学习汉语不只是学语法，还要学习汉字。
   學習漢語不只是學語法，還要學習漢字。

   Studying Chinese is to learn not only grammar but also Chinese characters.

3. 我不只是喜欢汉语，也喜欢中国文化。
   我不只是喜歡漢語，也喜歡中國文化。

   I not only like Chinese language but also Chinese culture.

3. 把……当做
把……當做

bǎ …dàngzuò

treat as; regard as

1. 人们不只是把自己的亲人当做亲人，把别人的亲人也当做亲人。

人們不只是把自己的親人當做親人，把別人的親人也當做親人。

People not only treat their loved ones as relatives, but also other's loved ones as their own relatives.

2. 人们把狗当做朋友。

人們把狗當做朋友。

People regard their dogs as their friends.

3. 我把中文当做我的第一外语。

我把中文當做我的第一外語。

I treat Chinese as my first foreign language.

4. "受到"和"得到"
"受到"和"得到"

"shòudào" and "dédào"

get; be given; receive and gain

◆ Both "受到" and "得到" indicate the passive voice, however, "受到" only carries verbs, while "得到" can carry verbs and nouns.

1. 老人可以得到照顾，小孩子可以受到教育。

老人可以得到照顧，小孩子可以受到教育。

The elderly can be given care, and children can receive education.

2. 这本书受到了学生的欢迎。

這本書受到了學生的歡迎。

This book is well received by the students.

3. 残疾人也都能得到帮助。

殘疾人也都能得到幫助。

All people with disabilities can get help.

4. 中国人口增长得到了控制。

中國人口增長得到了控制。

The growth of China's population is under control.

5. 过生日的时候我得到许多礼物。

過生日的時候我得到許多禮物。

I received a lot of gifts on my birthday.

6. 这个学期我得到了奖学金。

這個學期我得到了獎學金。

I got a scholarship this semester.

5. 以及
以及

yǐjí

as well as; and

♦ "以及" connects nouns, verbs and phrases. In a list of items, it is used before the last of the items to be connected. It is more often used in written language.

1. 鳏、寡、孤、独以及身体残疾的人也都能得到帮助。

鳏、寡、孤、獨以及身體殘疾的人也都能得到幫助。

For widowers, widows, orphans, old people without offspring and people with disabilities, they all can get help.

2. 波士顿、芝加哥 (zhījiāgē) 以及旧金山 (jiùjīnshān) 的中国城的牌楼上都有"天下为公"四个大字。

波士頓、芝加哥 (zhījiāgē) 以及舊金山 (jiùjīnshān) 的中國城的牌樓上都有"天下為公"四個大字。

There is the same four big characters, "天下为公", on the archways of the Chinatowns in Boston, Chicago and San Francisco.

3. 开学的时候，我买了电脑、电视以及小冰箱。

開學的時候，我買了電腦、電視以及小冰箱。

I bought a computer, a TV, and a small refrigerator at the beginning of this school year.

6. 在……方面
在……方面

zài...fāngmiàn

in the aspect of; in terms of

1. 孔子在教育方面主张"有教无类"。

孔子在教育方面主張"有教無類"。

In the aspect of education, Confucius advocated "making no social distinction in teaching".

2. 上大学以后，在生活方面没有人照顾你了。

上大學以後，在生活方面沒有人照顧你了。

After entering college there will be no one taking care of you.

3. 在写汉字方面，小燕比我好；在说话方面，我比她好。

在寫漢字方面，小燕比我好；在說話方面，我比她好。

In terms of writing Chinese characters, Xiaoyan is better than I, but in terms of speaking, I am better than she.

7. 即使……也
即使……也

jíshǐ...yě

even if...still

◆ "即使" is used with "也" to express a hypothetical situation or concession. "即使" usually indicates a condition, while "也" introduces a result or conclusion despite the previously mentioned hypothetical situation.

1. 即使是穷人，也应该受到教育。

即使是窮人，也應該受到教育。

Even if people are poor, they should still receive education.

2. 即使下雨，我也要去跑步。

即使下雨，我也要去跑步。

Even if it rains, I'll still go jogging.

3. 即使给我一百万，我也不和你结婚。

即使給我一百萬，我也不和你結婚。

Even if you gave me a million dollars, I still wouldn't marry you.

孟子小时候

中国古代有两个圣人，一个是孔子，一个是孟子。孔子是春秋时期的人，孟子是战国时期的人，孟子比孔子晚一百多年，人们把孟子叫做"亚圣"，"亚"是第二的意思。

书上说，孟子小时候和普通孩子一样，但是孟子的妈妈很会教育孩子，她知道环境对孩子成长非常重要。

很早以前，孟子的家在一个墓地的旁边，孟子和小朋友每天看到的都是在墓地哭着埋死人的事情。受到这些影响，孟子和小朋友每天玩的也都是这样的游戏。孟子妈妈觉得这种环境对孩子不好，就把家搬到了一个离墓地很远的地方。

新的家虽然离墓地远了，可是附近有一个卖东西的市场。过了不久，孟子的妈妈发现孟子和小朋友们玩的都是从市场上学来的那些叫卖、吹嘘以及讨价还价的游戏。孟子妈妈觉得这种环境对孩子也不好，于是他们又搬家了。

这一次孟子妈妈把家搬到一个学校的附近。时间不长，孟子和小朋友们在一起玩读书和学习的游戏，他们不只是模仿老师和学生说话的样子，也模仿老师和学生走路的样子，慢慢地孟子在言谈举止方面变得很有礼貌了。孟子妈妈非常高兴，就在这里住了下来。

这个故事叫做"孟母三迁"，"三迁"就是搬了三次家。人们说孟子后来能够成为一个有名的人，跟他小时候的生活环境有很大的关系。

不过也有人说了，一个人的成长环境不是最主要的，只要自己努力，即使是生活在不好的环境中，生活在困难的环境中，也可以成为一个很好的人。

孟子小時候

中國古代有兩個聖人，一個是孔子，一個是孟子。孔子是春秋時期的人，孟子是戰國時期的人，孟子比孔子晚一百多年，人們把孟子叫做"亞聖"，"亞"是第二的意思。

書上說，孟子小時候和普通孩子一樣，但是孟子的媽媽很會教育孩子，她知道環境對孩子成長非常重要。

很早以前，孟子的家在一個墓地的旁邊，孟子和小朋友每天看到的都是在墓地哭著埋死人的事情。受到這些影響，孟子和小朋友每天玩的也都是這樣的游戲。孟子媽媽覺得這種環境對孩子不好，就把家搬到了一個離墓地很遠的地方。

新的家雖然離墓地遠了，可是附近有一個賣東西的市場。過了不久，孟子的媽媽發現孟子和小朋友們玩的都是從市場上學來的那些叫賣、吹噓以及討價還價的游戲。孟子媽媽覺得這種環境對孩子也不好，於是他們又搬家了。

這一次孟子媽媽把家搬到一個學校的附近。時間不長，孟子和小朋友們在一起玩讀書和學習的游戲，他們不只是模仿老師和學生說話的樣子，也模仿老師和學生走路的樣子，慢慢地孟子在言談舉止方面變得很有禮貌了。孟子媽媽非常高興，就在這裏住了下來。

這個故事叫做"孟母三遷"，"三遷"就是搬了三次家。人們說孟子後來能夠成為一個有名的人，跟他小時候的生活環境有很大的關係。

不過也有人說了，一個人的成長環境不是最主要的，只要自己努力，即使是生活在不好的環境中，生活在困難的環境中，也可以成為一個很好的人。

1	孟子　孟子	mèngzǐ	*prn.*	Mencius (372 B.C.–289 B.C.)
2	亚圣　亞聖	yàshèng	*n.*	second sage
3	普通　普通	pǔtōng	*adj.*	ordinary; common
4	环境　環境	huánjìng	*n.*	environment; surroundings
5	成长　成長	chéngzhǎng	*v.*	grow up; development
6	墓地　墓地	mùdì	*n.*	graveyard; cemetery
7	影响　影響	yǐngxiǎng	*v.*	influence; affect
8	游戏　遊戲	yóuxì	*n.*	game
9	搬到　搬到	bāndào	*v.*	move to
10	离　離	lí	*v.*	space distance
11	附近　附近	fùjìn	*n.*	nearby; close to
12	市场　市場	shìchǎng	*n.*	marketplace; market
13	不久　不久	bùjiǔ	*n.*	before long; soon after
14	叫卖　叫賣	jiàomài	*v.*	peddle;cry one's wares;
15	吹嘘　吹噓	chūixū	*v.*	boast
16	讨价还价 討價還價	tǎojiàhuánjià	*id.*	bargain; haggle
17	模仿　模仿	mófǎng	*v.*	imitate; model oneself on
18	言谈　言談	yántán	*v.*	the way one speaks
19	举止　舉止	jǔzhǐ	*v.*	bearing; manner
20	变　變	biàn	*v.*	change; become different
21	有礼貌　有禮貌	yǒulǐmào	*adj.*	courteous; polite
22	能够　能夠	nénggòu	*v.*	can; be able to
23	孟母三迁 孟母三遷	mèngmǔsānqiān	*id.*	the mother of Mencius moved three times
24	迁　遷	qiān	*v.*	move; change
25	主要　主要	zhǔyào	*adj.*	main; major
26	努力　努力	nǔlì	*v.*	make great effort
27	困难　困難	kùnnán	*adj.*	difficulty

问题 / 問題　**Questions**

1. 孟子妈妈为什么把家搬到远离墓地的地方？
   孟子媽媽為什麼把家搬到遠離墓地的地方？

   _____

2. 孟子妈妈为什么把家搬到远离市场的地方？
   孟子媽媽為什麼把家搬到遠離市場的地方？

   _____

3. 孟子妈妈为什么把家搬到学校附近？
   孟子媽媽為什麼把家搬到學校附近？

   _____

4. 孟子妈妈三次搬家是为了什么？
   孟子媽媽三次搬家是為了什麼？

   _____

5. 你认为生活环境的好坏对人的成长重要不重要？为什么？
   你認為生活環境的好壞對人的成長重要不重要？為什麼？

   _____

常用专家名称表 / 常用專家名稱表
Commonly Used Experts' Names

	名称　名稱	拼音　拼音	英文　英文
1	思想家　思想家	sīxiǎngjiā	ideologist
2	教育家　教育家	jiàoyùjiā	educationist
3	哲学家　哲學家	zhéxuéjiā	philosopher
4	政治家　政治家	zhèngzhìjiā	politician
5	科学家　科學家	kēxuéjiā	scientist
6	数学家　數學家	shùxuéjiā	mathematician
7	化学家　化學家	huàxuéjiā	chemist
8	生物学家　生物學家	shēngwùxuéjiā	biologist
9	物理学家　物理學家	wùlǐxuéjiā	physicist
10	天文学家　天文學家	tiānwénxuéjiā	astronomer
11	经济学家　經濟學家	jīngjìxuéjiā	economist
12	人类学家　人類學家	rénlèixuéjiā	anthropologist
13	社会学家　社會學家	shèhuìxuéjiā	sociologist
14	艺术家　藝術家	yìshùjiā	artist
15	文学家　文學家	wénxuéjiā	litterateur
16	音乐家　音樂家	yīnyuèjiā	musician
17	美食家　美食家	měishíjiā	epicurean
18	航海家　航海家	hánghǎijiā	navigator
19	画家　畫家	huàjiā	painter
20	作家　作家	zuòjiā	writer
21	专家　專家	zhuānjiā	specialist

中国古代名人简表 / 中國古代名人簡表
List of Ancient Chinese Celebrities

	名称　名稱	拼音　拼音	英文　英文
1	炎帝　炎帝	yándì	Emperor Yan, legendary rulers of ancient China
2	黄帝　黃帝	huángdì	Yellow Emperor, legendary rulers of ancient China
3	老子　老子	lǎozǐ	Lao-Tzu, 571 B.C.–471 B.C. Philosopher, founder of Taoism, *Tao Te Ching*
4	孔子　孔子	Kǒngzǐ	Confucius, 551 B.C.–479B.C. Ideologist Educator, *The Analects of Confucius*
5	孟子　孟子	mèngzǐ	Mencius, 372 B.C.–289 B.C. Philosopher, *The Works of Mencius*
6	孙子　孫子	sūnzǐ	Sun-Tzu, 545 B.C.–460 B.C. Military strategist, *The Art of War*
7	屈原　屈原	qūyuán	Qu Yuan, 340 B.C.–278 B.C. Poet, *Song of the South*
8	秦始皇　秦始皇	qínshǐhuáng	Qin Shihuang, 259 B.C.–210 B.C. The First Emperor of the Qin dynasty
9	司马迁　司馬遷	sīmǎqiān	Sima Qian, 145 B.C.–90 B.C. Historian, *Records of the Grand Historian*
10	张衡　張衡	zhānghéng	Zhang Heng, 78–139. Astronomer, who invented the world's first seismograph
11	蔡伦　蔡倫	càilún	Cai Lun, 50–121. Scientist, who invented the papermaking technology
12	诸葛亮　諸葛亮	zhūgěliàng	Zhuge Liang, 181–234. Politician
13	隋炀帝　隋煬帝	suíyángdì	Sui Yangdi, 569–618. The second Emperor of the Sui dynasty
14	武则天　武則天	wǔzétiān	Wu Zetian, 624–705. The First Queen regnant of the Tang dynasty
15	岳飞　岳飛	yuèfēi	Yue Fei, 1103–1142. National hero
16	郑和　鄭和	zhènghé	Zheng He, 1371–1433. Navigator

shénme shì fēngshuǐ

什么是风水？
什麼是風水？
What is Fengshui?

通过学习本课，学生应该能够：

1. 掌握这些句型和词语的意思和用法：
   1）之
   2）不是 …… 而是 ……
   3）不仅 …… 也/还
   4）根据
   5）化 …… 为 ……
   6）到底
   7）并（不/没有）
2. 认识和运用课文以及阅读文章内的生词。
3. 了解什么是风水，并简单叙述风水对中国人生活的影响。
4. 了解中国古代宫殿。

通過學習本課，學生應該能夠：

1. 掌握這些句型和詞語的意思和用法：
   1）之
   2）不是 …… 而是 ……
   3）不僅 …… 也 / 還
   4）根據
   5）化 …… 為 ……
   6）到底
   7）並（不 / 沒有）
2. 認識和運用課文以及閱讀文章內的生詞。
3. 瞭解什麼是風水，並簡單敘述風水對中國人生活的影響。
4. 瞭解中國古代宮殿。

After studying this chapter, students should:

1. Have a good command of the meaning and usage of these sentence patterns and terms:
   1) zhī (literary counterpart of 的)
   2) bùshì...érshì... (not...but rather ...)
   3) bùjǐn... yě/hái (not only...but also)
   4) gēnjù (according to)
   5) huà...wéi (change...into; turn... into; transform)
   6) dàodǐ (exactly; after all)
   7) bìng (méiyǒu/bù) (actually not; not at all)
2. Be familiar with the meaning and usage of the vocabulary introduced in the text and reading.
3. Understand what is Fengshui and briefly describe how Fengshui practice influences Chinese people's lives.
4. Understand ancient Chinese palaces.

什么是风水？

风水是中国传统文化之一，差不多有两千多年的历史了。有人说风水是研究房屋的一门学问，有人说它是一种迷信。

为什么这样说呢？因为风水研究的不是房屋质量，也不是房屋的建筑风格，而是房屋位置和结构对人的影响。

懂风水的人说，一个人的健康和疾病、富裕和贫穷跟他住的房屋有很大关系，如果房屋风水好，他就会健康长寿、荣华富贵；如果房屋风水不好，就会多灾多病、生活贫困。

古时候人们建造房屋都要请风水先生来看风水，不仅老百姓盖房子要请风水先生，皇帝建造宫殿也要请风水先生。人们把风水特别好的地方叫风水宝地，书上说后面有山，前面有水的地方就是风水宝地。

那时候不仅盖房子要看风水，修建墓地也要看风水，人们相信在风水宝地上修建墓地，祖先可以保佑子孙们健康平安、荣华富贵。

风水文化从古代一直延续到现在，今天还有很多人相信风水，这些人买房子的时候要请风水先生来看一看。如果房屋的位置不好，他们就会根据风水先生的建议，在门头上挂一面小镜子，或者门前放一块大石头，说这样可以把灾祸挡在门外；如果房子的结构不好，就会根据风水先生说的，在进门的地方摆一个屏风，或者客厅里放一个鱼缸。说这样就可以化灾祸为吉利，给家人带来福气。

风水到底是迷信还是学问？我不知道，但是我知道很多人在风水好的地方盖房屋、建墓地，可是他们的子孙并没有升官发财、荣华富贵；我也知道历代皇帝的宫殿和陵墓占据了许多风水宝地，可是他们的后代却不见了踪影。

什麼是風水？

風水是中國傳統文化之一，差不多有兩千多年的歷史了。有人說風水是研究房屋的一門學問，有人說它是一種迷信。

為什麼這樣說呢？因為風水研究的不是房屋質量，也不是房屋的建築風格，而是房屋位置和結構對人的影響。

懂風水的人說，一個人的健康和疾病、富裕和貧窮跟他住的房屋有很大關係，如果房屋風水好，他就會健康長壽、榮華富貴；如果房屋風水不好，就會多災多病、生活貧困。

古時候人們建造房屋都要請風水先生來看風水，不僅老百姓蓋房子要請風水先生，皇帝建造宮殿也要請風水先生。人們把風水特別好的地方叫風水寶地，書上說後面有山，前面有水的地方就是風水寶地。

那時候不僅蓋房子要看風水，修建墓地也要看風水，人們相信在風水寶地上修建墓地，祖先可以保佑子孫們健康平安、榮華富貴。

風水文化從古代一直延續到現在，今天還有很多人相信風水，這些人買房子的時候要請風水先生來看一看。如果房屋的位置不好，他們就會根據風水先生的建議，在門頭上掛一面小鏡子，或者門前放一塊大石頭，說這樣可以把災禍擋在門外；如果房子的結構不好，就會根據風水先生說的，在進門的地方擺一個屏風，或者客廳裏放一個魚缸。說這樣就可以化災禍為吉利，給家人帶來福氣。

風水到底是迷信還是學問？我不知道，但是我知道很多人在風水好的地方蓋房屋、建墓地，可是他們的子孫並沒有升官發財、榮華富貴；我也知道歷代皇帝的宮殿和陵墓占據了許多風水寶地，可是他們的後代卻不見了蹤影。

1	研究 研究	yánjiū	v.	study; research
2	房屋 房屋	fángwū	n.	houses; buildings
3	学问 學問	xuéwen	n.	knowledge
4	质量 質量	zhìliàng	n.	quality
5	建筑 建築	jiànzhù	n./v.	building; architecture
6	风格 風格	fēnggé	n.	style; character
7	位置 位置	wèizhi	n.	place; position
8	结构 結構	jiégòu	n.	structure; construction
9	健康 健康	jiànkāng	adj.	healthy
10	疾病 疾病	jíbìng	n.	disease
11	富裕 富裕	fùyù	adj.	prosperous; well of
12	贫穷 貧窮	pínqióng	adj.	poor; impoverished
13	长寿 長壽	chángshòu	adj.	long life; longevity
14	荣华富贵 榮華富貴	rónghuáfùguì	id.	high position and great wealth
15	多灾 多災	duōzāi	adj.	be dogged by bad luck; to be plagued by frequent ills
16	贫困 貧困	pínkùn	adj.	impoverished
17	建造 建造	jiànzào	v.	build; construct
18	看风水 看風水	kànfēngshuǐ	v.	practise geomancy; practise feng shui
19	老百姓 老百姓	lǎobǎixìng	n.	ordinary people
20	宫殿 宫殿	gōngdiàn	n.	imperial palace; royal palace
21	风水宝地 風水寶地	fēngshuǐbǎodì	id.	the place with good feng shui
22	保佑 保佑	bǎoyòu	v.	bless; to receive blessing and protection of a deity
23	平安 平安	píng'ān	adj.	safe and sound
24	一直 一直	yīzhí	adv.	all the time; all through
25	建议 建議	jiànyì	v.	suggest; propose

26	门头	門頭	méntóu	n.	lintel of a door
27	挂	掛	guà	v.	hang
28	镜子	鏡子	jìngzi	n.	mirror
29	灾祸	災禍	zāihuò	n.	disaster; calamity
30	挡	擋	dǎng	v.	block; keep off
31	摆	擺	bǎi	v.	put; place
32	屏风	屏風	píngfēng	n.	screen
33	升官	升官	shēngguān	v.	promote to a higher position
34	历代	歷代	lìdài	n.	past dynasties
35	陵墓	陵墓	língmù	n.	tomb; mausoleum
36	占据	占據	zhànjù	v.	occupy
37	后代	後代	hòudài	n.	descendants
38	踪影	蹤影	zōngyǐng	n.	trace; sign

1. 之

之

zhī

literary counterpart of 的

◆ "之" means "的" in classical Chinese. When "之" is followed by a number "一", indicates one out of a multitude.

1. 风水是中国传统文化之一。

   風水是中國傳統文化之一。

   Feng shui is one of the Chinese traditional cultures.

2. 我的爱好之一是跑步。

   我的愛好之一是跑步。

   One of my hobbies is running.

3. 去中国学汉语是今年的计划之一。

   去中國學漢語是今年的計劃之一。

   Learning Chinese in China is one of my plans this year.

2. 不是……
而是

不是……
而是

bùshì…érshì

not …but rather

◆ "不是……而是" it is used to indicate that the speaker negates the first statement and strongly affirm the second statement.

1. 风水研究的不是房屋的建筑质量，而是房屋的位置和结构对人的影响。

   風水研究的不是房屋的建築質量，而是房屋的位置和結構對人的影響。

   Feng shui is not the study of the quality of the building construction, but rather the impact of the location and structure of the house on people.

2. 不是老师说错了，而是你听错了。

   不是老師說錯了，而是你聽錯了。

   It's not that the teacher said it wrong, but rather you heard it wrong.

3. 我喜欢的不是她，而是她的同屋。

   我喜歡的不是她，而是她的同屋。

   She is not the one I like, but rather her roommate.

3. 不仅（仅）……
也 / 还

不僅（僅）……
也 / 還

bùjǐn... yě/hái

not only..., but also

◆ Like the structure of "不但 …… 也 / 还", "不仅 …… 也 / 还" indicates a further meaning beyond the preceding meaning. "也 / 还" is used in the second clause and introduces a further statement. It is more often used in written language. "不仅" can also be lengthened to "不仅仅".

1. 不仅老百姓盖房子要请风水先生，皇帝建造宫殿也要请风水先生.

不僅老百姓蓋房子要請風水先生，皇帝建造宫殿也要請風水先生.

Not only do ordinary people invite feng shui experts when building their house, but the emperor also invites feng shui for building his palace.

2. 中文字不仅难认而且难念。

中文字不僅難認而且難念。

Chinese characters are not only hard to recognize but also hard to read aloud.

3. 学中文不仅仅是学听和说，还要学写文章。

學中文不僅僅是學聽和說，還要學寫文章。

Learning Chinese is not only a matter of learning to listen and speak, but also of learning to write essays .

4. 根据
根據

gēnjù

according to

◆ "根据" is a preposition, introducing the evidence of the action or the prerequisite of the conclusion.

1. 根据风水先生的建议，在门头上挂一面小镜子。

根據風水先生的建議，在門頭上掛一面小鏡子。

According to the advice given by the feng shui expert, small mirror should be hung on the lintel of the door.

2. 根据大家的要求，明天的考试可以带字典。

根據大家的要求，明天的考試可以帶字典。

According to everyone's request, dictionaries will be allowed in tomorrow's exam.

3. 根据气象台的预报，下个星期会下大雪。

根據氣象臺的預報，下個星期會下大雪。

According to the forecast from the weather station, there will be heavy snow next week.

5. 化⋯⋯为⋯⋯
化⋯⋯為⋯⋯

huà…wéi

change…into; turn…
into; transform

1. 在客厅放一个鱼缸，可以化灾祸为吉利，给家人带来福气。

在客廳放一個魚缸，可以化災禍為吉利，給家人帶來福氣。

Putting a fish tank in the living room can change disaster into good luck and bring good fortune to the family.

2. 在学习方面，你应该化困难为动力。

在學習方面，你應該化困難為動力。

In the aspect of studying, you should change difficulties into motivation.

3. 化悲痛为力量 (huàbēitòngwéilìliàng)

化悲痛為力量

Turn grief into strength.

4. 化整为零 (huàzhěngwéilíng)

化整為零

Change the whole into parts.

5. 化险为夷 (huàxiǎnwéiyí)

化險為夷

Turn grief into strength.

6. 化敌为友 (huàdíwéiyǒu)

化敵為友

Turn an enemy into a friend .

6. 到底
到底

dàodǐ

after all

◆ "到底" is used in interrogative sentences to indicate further exploration of a topic or an attempt to get a definitive answer.

1. 风水到底是迷信还是学问？我不知道。

風水到底是迷信還是學問？我不知道。

I don't know whether feng shui is a superstition or a knowledge.

2. 昨天晚上给你打电话的那个男孩子到底是谁？

昨天晚上給你打電話的那個男孩子到底是誰？

Who on earth was the boy who called you last night?

3. 你为什么不去上课，你到底还想不想学中文了？

你為什麼不去上課，你到底還想不想學中文了？

Why didn't you come to class? Do you still want to learn Chinese or not?

◆ "到底" also indicates that a final result has been realized after much time and effort.

1. 这篇文章写了两个星期到底写完了。

這篇文章寫了兩個星期到底寫完了。

After two weeks of work, this article was finally finished.

2. 等了很长时间，她到底收到男朋友的信了。

等了很長時間，她到底收到男朋友的信了。

After waiting for a very long time, she finally received her boyfriend's letter.

7. 并（没有/不）
並（没有/不）

bìng (méiyǒu/bù)

actually not; not at all

◆ "并" can be used before "不" or "没有" or other similar negative words, such as "非" or "无" to make an emphatic point.

1. 很多人在风水好的地方盖房屋、建墓地，可是他们并没有升官发财、荣华富贵。

很多人在風水好的地方蓋房屋、建墓地，可是他們並沒有升官發財、榮華富貴。

Many people built their houses and cemeteries in a place with good feng shui, but they actually did not get any promotions nor any great wealth.

2. 昨天给我打电话的人我并不认识。

昨天給我打電話的人我並不認識。

I don't actually know the person who called me yesterday.

3. 这一课的生词虽然很多，但是并不难。

這一課的生詞雖然很多，但是並不難。

Even though there are many new words in this lesson, but they are not difficult at all.

皇帝的宫殿和陵墓

古时候差不多每一个朝代都要修建宫殿，历史上最有名的宫殿是秦朝的咸阳宫、阿房宫，汉朝的长乐宫、未央宫，唐朝的大明宫、太极宫、兴庆宫以及明清时期的故宫。

秦朝建立以前，秦国就修建了咸阳宫，后来秦始皇又修建了阿房宫，这两座宫殿高大、雄伟、华丽，不过，秦始皇死后不久就被烧毁了。因为宫殿太大了，大火一直烧了三个多月。

汉朝建立以后，汉朝皇帝修建了长乐宫和未央宫。"长乐"的意思是长久快乐，"未央"的意思是没有尽头，"长乐"和"未央"连起来意思是永远快乐。

唐朝有三个有名的宫殿，大明宫、太极宫和兴庆宫，大明宫最大，面积有3.11平方公里，是北京故宫的4倍多。

汉朝和唐朝的宫殿跟秦朝的宫殿一样高大、雄伟、华丽，但是也没有保留下来。有的是被战火烧毁了，有的因为朝代变了，首都搬迁了，慢慢地成了废墟，现在我们能看到的古代宫殿，只有北京的故宫。

故宫是1402年建造的，是明朝和清朝的宫殿。故宫从南到北961米，从东到西753米，故宫一共有9999间半房屋。故宫的墙是红色的，屋顶是黄色的，站在高处远远望去，故宫一片灿烂辉煌，故宫南边就是世界闻名的天安门。

古代的皇帝除了修建宫殿，还给自己修建陵墓。今天我们看到的陵墓有秦朝的秦始皇陵，汉朝的汉武帝陵，唐朝的武则天陵等等。因为西安曾经是周、秦、汉、唐等十三个朝代的首都，所以西安周围不但有许多宫殿遗址，还有许多皇帝陵墓，当然这些宫殿和陵墓都是修建在风水宝地上的。

皇帝的宮殿和陵墓

古時候差不多每一個朝代都要修建宮殿，歷史上最有名的宮殿是秦朝的咸陽宮、阿房宮，漢朝的長樂宮、未央宮，唐朝的大明宮、太極宮、興慶宮以及明清時期的故宮。

秦朝建立以前，秦國就修建了咸陽宮，後來秦始皇又修建了阿房宮，這兩座宮殿高大、雄偉、華麗，不過，秦始皇死後不久就被燒毀了。因為宮殿太大了，大火一直燒了三個多月。

漢朝建立以後，漢朝皇帝修建了長樂宮和未央宮。"長樂"的意思是長久快樂，"未央"的意思是沒有盡頭，"長樂"和"未央"連起來意思是永遠快樂。

唐朝有三個有名的宮殿，大明宮、太極宮和興慶宮，大明宮最大，面積有3.11平方公里，是北京故宮的4倍多。

漢朝和唐朝的宮殿跟秦朝的宮殿一樣高大、雄偉、華麗，但是也沒有保留下來。有的是被戰火燒毀了，有的因為朝代變了，首都搬遷了，慢慢地成了廢墟，現在我們能看到的古代宮殿，只有北京的故宮。

故宮是1402年建造的，是明朝和清朝的宮殿。故宮從南到北961米，從東到西753米，故宮一共有9999間半房屋。故宮的牆是紅色的，屋頂是黃色的，站在高處遠遠望去，故宮一片燦爛輝煌，故宮南邊就是世界聞名的天安門。

古代的皇帝除了修建宮殿，還給自己修建陵墓。今天我們看到的陵墓有秦朝的秦始皇陵，漢朝的漢武帝陵，唐朝的武則天陵等等。因為西安曾經是周、秦、漢、唐等十三個朝代的首都，所以西安周圍不但有許多宮殿遺址，還有許多皇帝陵墓，當然這些宮殿和陵墓都是修建在風水寶地上的。

生词
生詞
New Words

1	咸阳宫　咸陽宮	xiányánggōng	*prn.*	Xianyang Palace of Qin dynasty
2	阿房宫　阿房宮	ēpánggōng	*prn.*	Epang Palace of Qin dynasty
3	长乐宫　長樂宮	chánglègōng	*prn.*	Changle Palace of Han dynasty
4	未央宫　未央宮	wèiyānggōng	*prn.*	Weiyang Palace of Han dynasty
5	太极宫　太極宮	tàijígōng	*prn.*	Taiji Palace of Tang dynasty
6	大明宫　大明宮	dàmínggōng	*prn.*	Daming Palace of Tang dynasty
7	明清时期 明清時期	míngqīngshíqī	*prn.*	The period of Ming and Qing dynasties
8	故宫　故宮	gùgōng	*prn.*	Forbidden City
9	雄伟　雄偉	xióngwěi	*adj.*	grand; imposing and great
10	华丽　華麗	huálì	*adj.*	magnificent
11	烧毁　燒毀	shāohuǐ	*v.*	destroy by fire
12	长久　長久	chángjiǔ	*adj.*	long time
13	未央　未央	wèiyāng	*v.*	not ended
14	尽头　盡頭	jìntóu	*adj.*	end
15	平方　平方	píngfāng	*n.*	square (measurement of an area)
16	公里　公里	gōnglǐ	*n.*	kilometre (km.)
17	面积　面積	miànji	*n.*	area
18	倍　倍	bèi	*m.*	times (multiples of)
19	战火　戰火	zhànhuǒ	*n.*	flames of war
20	首都　首都	shǒudū	*n.*	capital
21	搬迁　搬遷	bānqiān	*v.*	relocate; move
22	废墟　廢墟	fèixū	*n.*	ruins
23	米　米	mǐ	*m.*	meter
24	一共　一共	yīgòng	*n.*	in all; in total
25	屋顶　屋頂	wūdǐng	*n.*	roof
26	灿烂辉煌 燦爛輝煌	cànlànhuīhuáng	*adj.*	brilliant and glorious
27	闻名　聞名	wénmíng	*v.*	well-known
28	陵　陵	líng	*n.*	imperial tomb

29	汉武帝　漢武帝	hànwǔdì	*prn.*	Emperor Wu of the Han Dynasty
30	武则天　武則天	wǔzétiān	*prn.*	Empress Wu Zetian of the Tang Dynasty
31	周　　周	zhōu	*prn.*	Zhou Dynasty (1122 B.C. – 221 B.C.)
32	曾经　曾經	céngjīng	*adv.*	once
33	遗址　遺址	yízhǐ	*n.*	historic site

问题　問題　Questions

1. 长乐宫和未央宫的名字有什么特别的意思？
   長樂宮和未央宮的名字有什麼特別的意思？

_____

2. 为什么西安有很多皇帝的陵墓和宫殿遗址？
   為什麼西安有很多皇帝的陵墓和宮殿遺址？

_____

3. 现在能看到的古代宫殿是哪个朝代修建的？在哪里？
   現在能看到的古代宮殿是哪個朝代修建的？在哪裏？

_____

4. 故宫是什么样子的？
   故宮是什麼樣子的？

_____

5. 为什么大多数的古代宫殿都没有保留下来？
   為什麼大多數的古代宮殿都沒有保留下來？

_____

附录一 / 附錄一
Appendix One

中国古代皇家建筑和陵墓简表 / 中國古代皇家建築和陵墓簡表
Ancient Chinese Royal Architectures and the Mausoleums

	名称　名稱	拼音　拼音	英文　英文	城市　城市
1	故宫　故宮	gùgōng	the Forbidden City	Beijing
2	颐和园　頤和園	yíhéyuán	the Summer Palace	Beijing
3	圆明园　圓明園	yuánmíngyuán	the Imperial Garden	Beijing
4	天坛　天壇	tiāntán	Temple of Heaven	Beijing
5	地坛　地壇	dìtán	Temple of Earth	Beijing
6	布达拉宫 布達拉宮	bùdálāgōng	the Potala Palace	Lasa
7	避暑山庄 避暑山莊	bìshǔshānzhuāng	Mountain Resort and its Outlying Temples	Chengde
8	黄帝陵　黃帝陵	huángdìlíng	the Mausoleum of the Huangdi Emperor	Huangling
9	炎帝陵　炎帝陵	yándìlíng	the Mausoleum of the Yandi Emperor	Zhuzhou
10	秦始皇陵 秦始皇陵	qínshǐhuánglíng	the Mausoleum of the Qin Emperor	Xi'an
11	秦兵马俑 秦兵馬俑	qínbīngmǎyǒng	the Terracotta Warriors	Xi'an
12	汉茂陵　漢茂陵	hànmàolíng	Maoling Mausoleum of the Han Emperor	Xingping
13	唐乾陵　唐乾陵	tángqiánlíng	Qianling Mausoleum of the Tang Emperor	Xianyang
14	唐昭陵　唐昭陵	tángzhāolíng	Zhaoling Mausoleum of the Tang Emperor	Xianyang
15	宋陵　宋陵	sònglíng	Emperors Tombs of the Song dynasty	Gongyi
16	明十三陵 明十三陵	míngshísānlíng	the Tombs of 13 Emperors of the Ming dynastys	Beijing
17	明孝陵　明孝陵	míngxiàolíng	Xiaoling Mausoleum of Ming Xiaoling	Nanjing
18	清东陵　清東陵	qīngdōnglíng	Eastern Royal Tombs of the Qing dynasty	Zunhua
19	清西陵　清西陵	qīngxīlíng	Western Royal Tombs of the Qing dynasty	Baoding

世界著名皇宫 / 世界著名皇宮
Famous Palaces in the World

	名称　名稱	拼音　拼音	英文　英文	国家　國家
1	凡尔赛宫　凡爾賽宮	fáněrsàigōng	Versailles	France
2	白金汉宫　白金漢宮	báijīnhàngōng	Buckingham Palace	England
3	贝勒伊宫　貝勒伊宮	bèilèyīgōng	Beylerbeyi Palace	Turkey
4	波茨坦无忧宫 波茨坦無憂宮	bōcítǎnwúyōugōng	Sanssouci Palace, Potsdam	Germany
5	克里姆林宫 克里姆林宫	kèlǐmǔlíngōng	Kremlin in Russian	Russia
6	努洛伊曼皇宫 努洛伊曼皇宮	nǔluòyīmànhuánggōng	Istana Nurul Iman	Brunei
7	曼谷大皇宫 曼谷大皇宮	màngǔdàhuánggōng	Grand Palace	Thailand
8	金边皇宫　金邊皇宮	jīnbiānhuánggōng	Royal Palace	Cambodia
9	马德里皇宫 馬德裏皇宮	mǎdélǐhuánggōng	Spain Palace	Spain
10	阿姆斯特丹王宫 阿姆斯特丹王宮	āmǔsītèdānwánggōng	The Royal Palace, Amsterdam	Holland
11	德罗特宁霍尔姆宫 德羅特寧霍爾姆宮	déluótènínghuòěrmǔgōng	Royal Domain of Drottningholm	Holland
12	维也纳霍夫堡皇宫 維也納霍夫堡皇宮	wéiyěnàhuòfūbǎohuánggōng	Vienna Hofburg Palace	Austria
13	挪威皇宫　挪威皇宮	nuówēihuánggōng	Norway Royal Palace	Norway

10

书法和文房四宝
書法和文房四寶
Chinese Calligraphy and the Four Treasures of the Study

学习大纲和学习目标

通过学习本课，学生应该能够：

1. 掌握这些句型和词语的意思和用法：
   1) 只不过
   2) "大都"和"大多数"
   3) 在 …… 同时
   4) 其中
   5) 根本
   6) 以至（于）
   7) 又 …… 呢？
2. 认识和运用课文以及阅读文章内的生词。
3. 了解中国的书法艺术，并简单描述文房四宝跟书法的关系。
4. 了解中国的对联。

篆书 / 篆書　zhuànshū
Seal script

楷书 / 楷書　kǎishū
Regular script

<table>
<tr><td>

學習大綱和學習目標

通過學習本課，學生應該能夠：

1. 掌握這些句型和詞語的意思和用法：
   1）只不過
   2）"大都"和"大多數"
   3）在……同時
   4）其中
   5）根本
   6）以至（於）
   7）又……呢？
2. 認識和運用課文以及閱讀文章內的生詞。
3. 瞭解中國的書法藝術，並簡單描述文房四寶跟書法的關係。
4. 瞭解中國的對聯。

</td><td>

Study Outline and Objectives

After studying this chapter, students should:

1. Have a good command of the meaning and usage of these sentence patterns and terms:
   1) zhǐbùguò ..." (only; just... ; and no more)
   2) "dàdōu" and "dàduōshù" (most of; mostly)
   3) zài ...tóngshí (at the same time)
   4) qízhōng (among them)
   5) gēnběn (at all; simply)
   6) yǐzhì (yú) (so ... that ...; so much so that; as a result)
   7) yòu ...ne? (could it be ...?)
2. Be familiar with the meaning and usage of the vocabulary introduced in the text and reading.
3. Understand Chinese calligraphy and briefly describe how it is related to the four treasures of the study.
4. Understand Chinese couplets.

</td></tr>
</table>

行书 / 行書　xíngshū
Running script

草书 / 草書　cǎoshū
Cursive script

隶书 / 隸書　lìshū
Official script

书法和文房四宝

书法是汉字的书写艺术，是中国传统文化之一，也是中国的国粹。国粹是一个国家传统文化的精华，中国国粹除了书法以外，还有中医、京剧和武术。

有人说文字只不过是记录语言的工具，怎么会成为一种艺术呢？研究书法的人说，汉字是由线条组成的，长、短、粗、细不同形状的线条在一起会产生一种艺术美。世界上有很多文字，汉字是唯一可以成为艺术品的文字。

研究书法的人叫书法家，书法家写的字叫书法作品。书法家写的大都是名言名句，所以人们在欣赏书法作品的同时，也可以得到一些启发和教育。

书法的字体主要是楷书、行书、草书、隶书和篆书，其中最能表现书法艺术的是草书，尤其是狂草。

狂草是把字的笔画连起来写，写得非常潦草，像龙飞凤舞一样。因为太潦草了，有些字人们根本不认识。宋代有个叫"草书大王"的人，有一天他写得太潦草了，以至于写完后，自己都不知道写的是什么。

书法家写字离不开笔、墨、纸、砚四样东西，也就是人们常说的"文房四宝"。

书法用的笔是毛笔，毛笔的笔杆是用竹子做的，笔头是用细细的羊毛或者兔毛做的。书法用的墨是墨块，墨块是用烟粉做的，有的墨里有香料，写出来的字有一种淡淡的香味。砚也叫砚台，砚台是用石头做的，写字前在砚台里放点儿水，把墨块磨成墨汁。书法用的纸是一种特殊的纸，因为最早是安徽宣城生产的，所以叫宣纸。

文房四宝制作得非常精美，以至于许多不懂书法的人也喜欢把它摆在书房里。人们说书法家写的字是艺术品，书法家写字用的文房四宝谁又能说不是艺术品呢？

書法和文房四寶

書法是漢字的書寫藝術，是中國傳統文化之一，也是中國的國粹。國粹是一個國家傳統文化的精華，中國國粹除了書法以外，還有中醫、京劇和武術。

有人說文字只不過是記錄語言的工具，怎麼會成為一種藝術呢？研究書法的人說，漢字是由線條組成的，長、短、粗、細不同形狀的線條在一起會產生一種藝術美。世界上有很多文字，漢字是唯一可以成為藝術品的文字。

研究書法的人叫書法家，書法家寫的字叫書法作品。書法家寫的大都是名言名句，所以人們在欣賞書法作品的同時，也可以得到一些啟發和教育。

書法的字體主要是楷書、行書、草書、隸書和篆書，其中最能表現書法藝術的是草書，尤其是狂草。

狂草是把字的筆畫連起來寫，寫得非常潦草，像龍飛鳳舞一樣。因為太潦草了，有些字人們根本不認識。宋代有個叫"草書大王"的人，有一天他寫得太潦草了，以至於寫完後，自己都不知道寫的是什麼。

書法家寫字離不開筆、墨、紙、硯四樣東西，也就是人們常說的"文房四寶"。

書法用的筆是毛筆，毛筆的筆杆是用竹子做的，筆頭是用細細的羊毛或者兔毛做的。書法用的墨是墨塊，墨塊是用烟粉做的，有的墨裏有香料，寫出來的字有一種淡淡的香味。硯也叫硯臺，硯臺是用石頭做的，寫字前在硯臺裏放點兒水，把墨塊磨成墨汁。書法用的紙是一種特殊的紙，因為最早是安徽宣城生產的，所以叫宣紙。

文房四寶製作得非常精美，以至於許多不懂書法的人也喜歡把它擺在書房裏。人們說書法家寫的字是藝術品，書法家寫字用的文房四寶誰又能說不是藝術品呢？

10

1	书写　書寫	shūxiě	*v.*	write
2	艺术　藝術	yìshù	*n.*	art
3	国粹　國粹	guócuì	*n.*	quintessence
4	精华　精華	jīnghuá	*n*	essence
5	中医　中醫	zhōngyī	*n*	traditional Chinese medical science
6	京剧　京劇	jīngjù	*n.*	Peking Opera
7	武术　武術	wǔshù	*n.*	Chinese martial arts
8	记录　記錄	jìlù	*v.*	record
9	粗　　粗	cū	*adj.*	thick
10	线条　綫條	xiàntiáo	*n.*	line; streak
11	书法家　書法家	shūfǎjiā	*n.*	calligrapher
12	艺术品　藝術品	yìshùpǐn	*n.*	work of art
13	作品　作品	zuòpǐn	*n.*	works
14	名言名句 名言名句	míngyánmíngjù	*n.*	famous quotes
15	欣赏　欣賞	xīnshǎng	*v.*	appreciate; enjoy
16	启发　啓發	qǐfā	*v.*	inspire; enlighten
17	字体　字體	zìtǐ	*n.*	the shape of the character; fonts
18	狂草　狂草	kuángcǎo	*n.*	wild scribble
19	表现　表現	biǎoxiàn	*v.*	show; display
20	潦草　潦草	liáocǎo	*adj.*	(of handwriting) hasty and careless; illegible
21	龙飞凤舞 龍飛鳳舞	lóngfēifèngwǔ	*id.*	lively and vigorous flourishes in calligraphy
22	墨（块） 墨（塊）	mò (kuài)	*n*	ink stick
23	砚（台） 硯（台）	yàn (tái)	*n*	inkstone

24	毛笔	毛筆	máobǐ	*n.*	writing brush
25	笔杆	筆杆	bǐgǎn	*n.*	shaft of the writing brush
26	笔头	筆頭	bǐtóu	*n.*	tip of the writing brush
27	羊毛	羊毛	yángmáo	*n.*	goat hair; wool
28	兔毛	兔毛	tùmáo	*n.*	rabbit hair
29	烟粉	烟粉	yānfěn	*n*	ash from a fire
30	香料	香料	xiāngliào	*n*	perfume; spice
31	淡淡的	淡淡的	dàndànde	*adj.*	light; thin; low in density
32	香味	香味	xiāngwèi	*n.*	fragrance
33	磨成	磨成	móchéng	*v.*	rub
34	墨汁	墨汁	mòzhī	*n*	prepared Chinese ink
35	安徽	安徽	ānhuī	*prn.*	name of a province in China
36	宣城	宣城	xuānchéng	*prn.*	name of a city in China
37	生产	生產	shēngchǎn	*v.*	produce
38	宣纸	宣紙	xuānzhǐ	*n.*	the type of paper made in Xuancheng for Chinese calligraphy and painting
39	精美	精美	jīngměi	*adj.*	exquisite; elegant

10 语法和词语注释 / 語法和詞語注釋
Grammar and Words/Phrases Notes

1. 只不过
只不過

zhǐbùguò

only; just;
and no more

◆ "只不过"refers to a scope or range and downplay the statement or importance of the matter as much as possible.

1. 文字只不过是记录语言的工具，怎么会成为一种艺术呢？

   文字只不過是記錄語言的工具，怎麼會成為一種藝術呢？

   The character is just a recording tool for the language. How can it be art?

2. 我跟成龙不熟悉，只不过在晚会上见过一两次。

   我跟成龍不熟悉，只不過在晚會上見過一兩次。

   I'm not familiar with Jackie Chan. I've only met him once or twice at parties.

3. 我只不过想问一下，没有别的意思。

   我只不過想問一下，沒有別的意思。

   I just wanted to ask you. I didn't mean anything else.

2. "大都"和
"大多数"
"大都"和
"大多數"

"dàdōu" and
"dàduōshù"

most of; mostly

◆ "大都" is an adverb. It can only be followed by a verb, adjective, or "是", but cannot be used before nouns. "大多数" is a noun. It can be followed by a verb, adjective, or "是". It also can be used before nouns.

1. 书法家写的大都（大多数）是名言名句。

   書法家寫的大都（大多數）是名言名句。

   The words that the calligraphers wrote are mostly famous quotes.

2. 老师讲的我大都（大多数）能听懂。

   老師講的我大都（大多數）能聽懂。

   I can mostly understand what the teacher says.

3. 大多数的砚台是用石头做的。

   大多數的硯臺是用石頭做的。

   Most of inkstones are made of stone.

4. 树上大多数苹果都红了。

　　树上大多數蘋果都紅了。

　　Most of the apples in the tree have turned red.

5. 大多数的同学都有中文名字。

　　大多數的同學都有中文名字。

　　Most of my classmates have Chinese names.

　　（×）大都同學有中文名字。

3. 在⋯⋯同时

在⋯⋯同時

zài ...tóngshí

at the same time

◆ "在⋯⋯同时" indicates that two actions take place simultaneously.

1. 人们在欣赏书法作品的同时，也可以得到一些启发和教育。

　　人們在欣賞書法作品的同時，也可以得到一些啓發和教育。

　　When people appreciate calligraphy, they can be inspired and educated at the same time.

2. 我们在学习汉语的同时，也学了很多中国文化。

　　我們在學習漢語的同時，也學了很多中國文化。

　　While we are studying the Chinese language, we learn a lot of Chinese culture simultaneously.

3. 他在上大学的同时，也在中国饭馆打工。

　　他在上大學的同時，也在中國飯館打工。

　　While he studied at the college, he worked at a Chinese restaurant at the same time.

4. 其中
其中

qízhōng

among them

◆ "其" is a pronoun meaning "那" or "那些", "其中" means among them.

1. 中国书法有很多不同的字体，其中最能表现书法艺术的是草书。

   中國書法有很多不同的字體，其中最能表現書法藝術的是草書。

   There are many different styles of Chinese calligraphy, among them, Cursive script displays the art of Chinese calligraphy the best.

2. 我有很多爱好，其中最喜欢的是跳舞。

   我有很多愛好，其中最喜歡的是跳舞。

   I have many hobbies, among them, dancing is my favorite.

3. 这学期我选了五门课，其中最容易的是中文课。

   這學期我選了五門課，其中最容易的是中文課。

   I have selected five courses this semester, and Chinese is the easiest class among them.

5. 根本
根本

gēnběn

at all; simply

◆ "根本" is used in a negative sentence to make the negative more emphatic.

1. 因为草书太潦草了，有些字很多人根本都不认识。

   因為草書太潦草了，有些字很多人根本都不認識。

   Because the Cursive calligraphy is too illegible, some of the characters are simply not recognizable.

2. 谁说她是我的女朋友？我根本就不认识她。

   誰說她是我的女朋友？我根本就不認識她。

   Who said she is my girlfriend? I don't know her at all.

3. 今天的课我根本就没有听懂。

   今天的課我根本就沒有聽懂。

   I didn't understand today's class at all.

6. 以至（于）
以至（於）

yǐzhì (yú)

so ... that...;
so much so that;
as a result

◆ "以至" is used (with "于" or without "于") in the second clause of a sentence and indicates a result caused by the previous situation.

1. 写得太潦草了，以至于写完以后，自己都不知道是什么字。

寫得太潦草了，以至於寫完以後，自己都不知道是什麼字。

His writing is too illegible, as a result, even he could not recognize what characters he wrote.

2. 他玩游戏太专心了，以至（于）忘了做作业。

他玩游戲太專心了，以至（於）忘了做作業。

He was too concentrated on the game, so much so that he forgot to do his homework.

3. 小燕长得太漂亮了，以至（于）每个人都要回头看她一眼。

小燕長得太漂亮了，以至（於）每個人都要回頭看她一眼。

Xiaoyan is so beautiful that everyone turns round to give her a second look.

7. 又……呢？
又……呢？

yòu...ne?

could it be ...?

◆ "又……呢？"is used with the interrogative pronouns "什么/谁/怎么" to form rhetorical questions.

1. 书法家写的字是艺术品，写字用的文房四宝谁又能说不是艺术品呢？

書法家寫的字是藝術品，寫字用的文房四寶誰又能說不是藝術品呢？

Chinese calligraphy is a work of art, thus who can say that the four treasures of the study that the calligraphers use are not works of art?

2. 你自己不来上课，考试没有考好，又能怨谁呢？

你自己不來上課，考試沒有考好，又能怨誰呢？

You didn't come to class and didn't do well in the exams. Who can you blame?

3. 只要我们相爱，结婚不结婚又有什么关系呢？

只要我們相愛，結婚不結婚又有什麼關係呢？

As long as we love each other, does it matter whether we marry or not?

对联

对联是意思相关的两句话，前面一句叫上联，后面一句叫下联，这两句话不但要求字数相同，而且要求对仗和平仄。

对仗是说上联和下联的字意思要对应，上联一个字是"天"，下联对应的字就是"地"。对仗要求名词对名词，动词对动词，形容词对形容词。

平仄是说上联和下联的字声调要对应，上联一个字的声调是平声，下联对应的字就是仄声；上联是仄声的，下联就是平声。平声是一声和二声，仄声是三声和四声。

对联有不同的种类，过年时庆祝新年的对联叫春联。"爆竹一声除旧，桃符万户更新"是古代一副很有名的春联，它的意思是说，放鞭炮送走旧年，换春联迎来新年。这副对联中，"爆竹"对"桃符"，"一声"对"万户"，"除旧"对"更新"。

什么是桃符？桃符是两块画着门神的桃木板，很早以前，过年的时候，人们把它挂在大门的两旁，用它来驱鬼辟邪。到了五代十国时期，有一个人在桃符上写了庆祝新年的两句诗，那以后就有了春联。所以有人说，桃符其实是中国最早的春联。

除了春联，还有喜联、挽联和楹联。喜联是结婚时表示祝福的对联，例如："夫妻相爱白头老，家庭和睦幸福多"。挽联是有人去世时，表示哀悼的对联，例如："一生行好事，千古留芳名"。春联和喜联是用红纸写的，挽联一定要用白纸写。

楹联是寺庙、园林一些地方的对联，中国很多寺庙里都有一个笑呵呵的大肚弥勒佛像。弥勒佛两旁都有一副对联："大肚能容，容天下难容之事；开口便笑，笑世间可笑之人"，你们知道这副对联的意思吗？

對聯

對聯是意思相關的兩句話，前面一句叫上聯，後面一句叫下聯，這兩句話不但要求字數相同，而且要求對仗和平仄。

對仗是說上聯和下聯的字意思要對應，上聯一個字是"天"，下聯對應的字就是"地"。對仗要求名詞對名詞，動詞對動詞，形容詞對形容詞。

平仄是說上聯和下聯的字聲調要對應，上聯一個字的聲調是平聲，下聯對應的字就是仄聲；上聯是仄聲的，下聯就是平聲。平聲是一聲和二聲，仄聲是三聲和四聲。

對聯有不同的種類，過年時慶祝新年的對聯叫春聯。"爆竹一聲除舊，桃符萬戶更新"是古代一副很有名的春聯，它的意思是說，放鞭炮送走舊年，換春聯迎來新年。這副對聯中，"爆竹"對"桃符"，"一聲"對"萬戶"，"除舊"對"更新"。

什麼是桃符？桃符是兩塊畫著門神的桃木板，很早以前，過年的時候，人們把它掛在大門的兩旁，用它來驅鬼辟邪。到了五代十國時期，有一個人在桃符上寫了慶祝新年的兩句詩，那以後就有了春聯。所以有人說，桃符其實是中國最早的春聯。

除了春聯，還有喜聯、挽聯和楹聯。喜聯是結婚時表示祝福的對聯，例如："夫妻相愛白頭老，家庭和睦幸福多"。挽聯是有人去世時，表示哀悼的對聯，例如："一生行好事，千古留芳名"。春聯和喜聯是用紅紙寫的，挽聯一定要用白紙寫。

楹聯是寺廟、園林一些地方的對聯，中國很多寺廟裏都有一個笑呵呵的大肚彌勒佛像。彌勒佛兩旁都有一副對聯："大肚能容，容天下難容之事；開口便笑，笑世間可笑之人"，你們知道這副對聯的意思嗎？

1	对联	對聯	duìlián	*n.*	antithetical couplet (written on scrolls, etc.)
2	相关	相關	xiāngguān	*v.*	relate
3	要求	要求	yāoqiú	*v.*	require
4	对仗	對仗	duìzhàng	*n.*	antithesis; two lines (in poetry) with matching or parallel meanings, sentences with the matching words with the same part of speech
5	平仄	平仄	píngzè	*n.*	level and oplique tonal patterns esp. used for rhyming in classical Chinese poetry and couplets
6	对（应）	對（應）	duì (yìng)	*v.*	corresponding; homologous
7	种类	種類	zhǒnglèi	*n.*	kind; type
8	庆祝	慶祝	qìngzhù	*v.*	celebrate
9	春联	春聯	chūnlián	*n.*	Spring Festival couplets
10	爆竹	爆竹	bàozhú	*n.*	firecracker
11	除旧	除舊	chújiù	*v.*	get rid of the old
12	桃符	桃符	táofú	*n.*	peach wood charms used to ward off evil, hung on doors on the Lunar New Year's Eve in ancient times
13	万户	萬戶	wànhù	*n.*	general term for many families
14	更新	更新	gēngxīn	*v.*	replace the old with the new
15	放鞭炮	放鞭炮	fàngbiānpào	*v.*	set off firecrackers
16	迎来	迎來	yínglái	*v.*	welcome; greet
17	门神	門神	ménshén	*n.*	door-god (divine guardians of doors and gates)
18	桃木板	桃木板	táomùbǎn	*n.*	peach wood board
19	驱鬼	驅鬼	qūguǐ	*v.*	expel evil spirits
20	辟邪	辟邪	bìxié	*v.*	ward off evil spirits
21	喜联	喜聯	xǐlián	*n.*	wedding couplet
22	挽联	挽聯	wǎnlián	*n.*	elegiac couplet

23	楹联　楹聯	yínglián	n.	couplet carved or hung on the pillars of a hall
24	祝福　祝福	zhùfú	v.	blessing
25	哀悼　哀悼	āidào	v.	grieve (mourn) over someone's death
26	行　行	xíng	v.	do; go
27	千古　千古	qiāngǔ	n.	through the ages
28	芳名　芳名	fāngmíng	n.	good reputation
29	寺庙　寺廟	sìmiào	n.	temple
30	园林　園林	yuánlín	n.	gardens
31	笑呵呵　笑呵呵	xiàohēhē	v.	smiling broadly
32	弥勒佛　彌勒佛	mílèfó	n.	Maitreya Buddha
33	容　容	róng	v.	contain; tolerate
34	便　便	biàn	adv.	then
35	世间　世間	shìjiān	n.	the world
36	可笑　可笑	kěxiào	adj.	ridiculous

1. 什么是对联？
   什麼是對聯？

   _____

2. 什么是春联？春联是什么颜色的？
   什麼是春聯？春聯是什麼顏色的？

   _____

3. 什么是喜联？喜联上面写的是什么？
   什麼是喜聯？喜聯上面寫的是什麼？

   _____

4. 什么是挽联？挽联是什么颜色？
   什麼是挽聯？挽聯是什麼顏色？

   _____

5. "大肚能容，容天下难容之事；开口便笑，笑世间可笑之人"，
   这副对联是什么意思？
   "大肚能容，容天下難容之事；開口便笑，笑世間可笑之人"，
   這副對聯是什麼意思？

   _____

中国古代著名书法家 / 中國古代著名書法家
Famous Ancient Chinese Calligraphers

	姓名　姓名	拼音　拼音	书体　書體	作品　作品	拼音　拼音	时代　時代
1	李斯　李斯	lǐsī	小篆　小篆	仓颉篇　倉頡篇	cāngjiépiān	秦　秦
2	张芝　張芝	zhāngzhī	草书　草書	冠军帖　冠軍帖	guànjūntiè	东汉　東漢
3	蔡邕　蔡邕	càyì	隶书　隸書	熹平石经 熹平石經	xīpíngshíjīng	东汉　東漢
4	钟繇　鐘繇	zhōngyáo	楷书　楷書	三希堂法帖 三希堂法帖	sānxītángfǎtiè	魏朝　魏朝
5	王羲之　王羲之	wángxīzhī	行书　行書	兰亭序　蘭亭序	lántíngxù	晋朝　晉朝
6	欧阳询　歐陽詢	ōuyángxún	楷书　楷書	九成宫醴泉铭 九成宮醴泉銘	jiǔchénggōnglǐquánmíng	唐朝　唐朝
7	褚遂良　褚遂良	chǔsuìliáng	楷书　楷書	倪宽赞　倪寬贊	níkuānzàn	唐朝　唐朝
8	张旭　張旭	zhāngxù	狂草　狂草	肚痛帖　肚痛帖	dùténgtiè	唐朝　唐朝
9	颜真卿　顏真卿	yánzhēnqīng	楷书　楷書	多宝塔碑 多寶塔碑	duōbǎotǎbēi	唐朝　唐朝
10	柳公权　柳公權	liǔgōngquán	楷书　楷書	玄秘塔碑 玄秘塔碑	xuánmìtǎbēi	唐朝　唐朝
11	怀素　懷素	huáisuì	狂草　狂草	自叙帖　自敘帖	zìxùtiè	唐朝　唐朝
12	黄庭坚　黃庭堅	huángtíngjiān	行书　行書	松风阁　松風閣	sōngfēnggé	宋朝　宋朝
13	米芾　米芾	mǐfú	行书　行書	蜀素帖　蜀素帖	shǔsùtiè	宋朝　宋朝
14	赵孟頫　趙孟頫	zhàomèngfǔ	楷书　楷書	洛神赋　洛神賦	luòshénfù	元朝　元朝

常见对联举例 / 常見對聯舉例
Examples of Common Couplets

春联 春聯	1	新春富贵年年好，佳岁平安步步高 新春富貴年年好，佳歲平安步步高 xīnchūnfùguìniánniánhǎo, jiāsuìpíng'ānbùbùgāo
	2	爆竹两三声，人间换岁；梅花四五点，天下皆春 爆竹兩三聲，人間換歲；梅花四五點，天下皆春 bàozhúliǎngsānshēng, rénjiānhuànsuì; méihuāsìwǔdiǎn, tiānxiàjiéchūn
	3	天增岁月人增寿，春满乾坤福满门 天增歲月人增壽，春滿乾坤福滿門 tiānzēngsuìyuèrénzēngshòu, chūnmǎnqiánkūnfúmǎnmén
喜联 喜聯	4	何必门当户对，但求道合志同 何必門當戶對，但求道合志同 hébìméndānghùduì, dànqiúdàohézhìtóng
	5	海枯石烂同心永结，地阔天高比翼齐飞 海枯石爛同心永結，地闊天高比翼齊飛 hǎikūshílàntóngxīnyǒngjié, dìkuòtiāngāobǐyìqífēi
挽联 挽聯	6	寿终德望在，身去音容存 壽終德望在，身去音容存 shòuzhōngdéwàngzài, shēnqùyīnróngcún
	7	仿佛音容犹如梦，依稀笑语痛伤心 仿佛音容猶如夢，依稀笑語痛傷心 fǎngfúyīnróngyóurúmèng, yīxīxiàoyǔtòngshāngxīn

	8	书山有路勤为径，学海无涯苦作舟 書山有路勤為徑，學海無涯苦作舟 shūshānyǒulùqínwéijìng, xuéhǎiwúyákǔzuòzhōu
楹联 楹聯	9	松叶竹叶叶叶翠，秋声雁声声声寒 松葉竹葉葉葉翠，秋聲雁聲聲聲寒 sōngyèzhúyèyèyècuì, qiūshēngyànshēngshēngshēnghán
	10	风声雨声读书声，声声入耳； 家事国事天下事，事事关心 風聲雨聲讀書聲，聲聲入耳； 家事國事天下事，事事關心 fēngshēngyǔshēngdúshūshēng, shēngshēngrùěr; jiāshìguóshìtiānxiàshì, shìshìguānxīn

11

zhōngguónián hé yāsuìqián

中国年和压岁钱
中國年和壓歲錢

Chinese New Year and New Year Money

学习大纲和学习目标

通过学习本课，学生应该能够：

1. 掌握这些句型和词语的意思和用法：
   1）指
   2）形容词重叠
   3）"据说"和"听说"
   4）每当……时候
   5）量词重叠
   6）头
   7）不是……就是……

2. 认识和运用课文以及阅读文章内的生词。

3. 了解并简单描述中国人过年的活动和这些活动的意义。

4. 了解中国人为什么舞龙、舞狮子。

通過學習本課，學生應該能夠：

1. 掌握這些句型和詞語的意思和用法：
   1) 指
   2) 形容詞重疊
   3) "據說"和"聽說"
   4) 每當……時候
   5) 量詞重疊
   6) 頭
   7) 不是……就是……
2. 認識和運用課文以及閱讀文章內的生詞。
3. 瞭解並簡單描述中國人過年的活動和這些活動的意義。
4. 瞭解中國人為什麼舞龍、舞獅子。

After studying this chapter, students should:

1. Have a good command of the meaning and usage of these sentence patterns and terms:
   1) zhǐ (refer to; mean)
   2) adjective reduplication
   3) měidāng...shíhou (when; whenever; every time)
   4) "jùshuō" and "tīngshuō" (it is said)
   5) reduplication of measure words
   6) tóu (first)
   7) búshì...jiùshì (either ... or; if not A ... then B)
2. Be familiar with the meaning and usage of the vocabulary introduced in the text and reading.
3. Understand and briefly describe how the Chinese celebrate the Chinese New Year and the meaning behind New Year activities.
4. Understand why the Chinese have lion and dragon dances.

中国年和压岁钱

中国有两个新年：一个是阳历的元旦，一个是农历的春节，中国人说过年，大都指的是农历的新年。

过年的习俗据说很早就有了，历史学家说3000多年前的甲骨文里就有"年"字。"年"字上面是"禾"，下面是"人"，意思是人们背着粮食回家。过年就是大家高高兴兴举行庆祝粮食丰收的活动。

不知道从什么时候开始，"年"又被说成是一个可怕的魔怪，说它每当过年的时候就出来害人。人们听说魔怪害怕响声，也怕红颜色，于是过年那天晚上，家家户户不但在门外放鞭炮，还在门两边贴上红色的春联。

新年的前一天叫"大年三十"，三十晚上叫"除夕"。除夕晚上全家人要在一起吃年饭。年饭是一年中最丰盛的一顿饭，不仅有酒、有肉，还一定要有鱼。鱼不可以全部吃完，要留一点儿到明天，也就是明年，这叫做"年年有鱼"。"鱼"和"余"同音，意思是每一年的收入都有节余。

新年的头一天是"大年初一"，初一的早上所有的人家不是吃饺子，就是吃汤圆，饺子和汤圆都表示团团圆圆。这一天也要吃年糕，年糕的意思是说生活水平一年比一年高。

过年最高兴的是小孩子，他们给老人拜年时可以得到很多压岁钱。压岁钱的"岁"不是指人的"岁数"，而是指"年"，"压岁"就是压住一年中不好的东西，给小孩子压岁钱是让他们在新的一年里平平安安。

以前过年给孩子的不是真钱，而是一种叫做"压胜钱"的假钱。压胜钱的形状跟真钱一样，上面画着龙和凤，写着"长命富贵"，把它挂在孩子身上可以避邪消灾。后来为了让孩子高兴，老人把不能买东西的假钱换成了真钱，钱的名字也就变成了压岁钱。

中國年和壓歲錢

中國有兩個新年：一個是陽曆的元旦，一個是農曆的春節，中國人說過年，大都指的是農曆的新年。

過年的習俗據說很早就有了，歷史學家說3000多年前的甲骨文裏就有"年"字。"年"字上面是"禾"，下面是"人"，意思是人們背著糧食回家。過年就是大家高高興興舉行慶祝糧食豐收的活動。

不知道從什麼時候開始，"年"又被說成是一個可怕的魔怪，說它每當過年的時候就出來害人。人們聽說魔怪害怕響聲，也怕紅顏色，於是過年那天晚上，家家戶戶不但在門外放鞭炮，還在門兩邊貼上紅色的春聯。

新年的前一天叫"大年三十"，三十晚上叫"除夕"。除夕晚上全家人要在一起吃年飯。年飯是一年中最豐盛的一頓飯，不僅有酒、有肉，還一定要有魚。魚不可以全部吃完，要留一點兒到明天，也就是明年，這叫做"年年有魚"。"魚"和"餘"同音，意思是每一年的收入都有節餘。

新年的頭一天是"大年初一"，初一的早上所有的人家不是吃餃子，就是吃湯圓，餃子和湯圓都表示團團圓圓。這一天也要吃年糕，年糕的意思是說生活水平一年比一年高。

過年最高興的是小孩子，他們給老人拜年時可以得到很多壓歲錢。壓歲錢的"歲"不是指人的"歲數"，而是指"年"，"壓歲"就是壓住一年中不好的東西，給小孩子壓歲錢是讓他們在新的一年裏平平安安。

以前過年給孩子的不是真錢，而是一種叫做"壓勝錢"的假錢。壓勝錢的形狀跟真錢一樣，上面畫著龍和鳳，寫著"長命富貴"，把它掛在孩子身上可以避邪消災。後來為了讓孩子高興，老人把不能買東西的假錢換成了真錢，錢的名字也就變成了壓歲錢。

生词
生词

New Words

1	压岁钱　壓歲錢	yāsuìqián	n.	money given to children as New Year's gift
2	阳历　陽曆	yánglì	n.	the Gregorian calendar
3	元旦　元旦	yuándàn	n.	New Year's Day
4	春节　春節	chūnjié	n.	Spring Festival
5	习俗　習俗	xísú	n	custom
6	历史学家 歷史學家	lìshǐxuéjiā	n.	historian
7	禾　禾	hé	n.	grain; cereal
8	背　背	bēi	v.	carry on one's back
9	举行　舉行	jǔxíng	v.	hold (ceremony, celebration)
10	丰收　豐收	fēngshōu	v.	bumper harvest
11	活动　活動	huódòng	n.	activity
12	可怕　可怕	kěpà	adj.	fearful; terrible
13	魔怪　魔怪	móguài	n.	monster
14	害人　害人	hài rén	v.	harm people
15	害怕　害怕	hàipà	adj.	scared of; be afraid
16	怕　怕	pà	adj.	scared of; be afraid
17	响声　響聲	xiǎngshēng	n.	sound; noise
18	红颜色　紅顏色	hóngyánsè	n.	red color
19	家家户户 家家戶戶	jiājiāhùhù	id.	every family
20	除夕　除夕	chúxī	n.	New Year's eve (Gregorian or Lunar)
21	丰盛　豐盛	fēngshèng	adj.	rich; abundant
22	全部　全部	quánbù	n.	whole; all
23	年年有鱼 年年有魚	niánniányǒuyú	id.	There is surplus money every year
24	余　餘	yú	adj.	surplus
25	节余　節餘	jiéyú	v.	remaining

26	收入　收入	shōurù	n.	income; revenue
27	大年初一 大年初一	dàniánchūyī	n.	the first day of the Chinese Lunar Year
28	饺子　餃子	jiǎozi	n.	dumplings
29	汤圆　湯圓	tāngyuán	n.	sweet dumplings made of glutinous rice flour
30	团团圆圆 團團圓圓	tuántuányuányuán	id.	a gathering of the whole family; family reunion
31	年糕　年糕	niángāo	n.	sweet rice cake
32	拜年　拜年	bàinián	v.	give new year's greetings
33	岁数　歲數	suìshu	n.	age
34	压住　壓住	yāzhù	v.	push down
35	压胜钱　壓勝錢	yāshèngqián	n.	money to bring luck and ward off evil
36	假　假	jiǎ	adj.	false; fake; artificial
37	真　真	zhēn	adj.	true; real; genuine
38	长命富贵 長命富貴	chángmìngfùguì	id.	live long and be successful
39	消灾　消災	xiāozāi	v.	prevent calamities
40	变成　變成	biànchéng	v.	change to

语法和词语注释 / 語法和詞語注釋
Grammar and Words/Phrases Notes

1. 指
   指

zhǐ

refer to; mean

1. 中国人说过年，大都指的是农历的新年。

中國人說過年，大都指的是農曆的新年。

When the Chinese talk about celebrating the New Year, this usually refers to the Lunar New Year.

2. 外国人认为中文难学，主要指的是中文发音很难。

外國人認為中文難學，主要指的是中文發音很難。

Foreigners think that Chinese is hard to learn. They are mostly referring to Chinese pronunciation.

3. 大家说一个人好不好，主要是指他的心好不好。

大家說一個人好不好，主要是指他的心好不好。

When people say whether someone is good or bad, they are mostly talking about whether he is kind or not.

2. 形容词重叠
   形容詞重叠

xíngróngcí chóngdié

adjective reduplication

◆ In Chinese, two-syllable adjectives can be reduplicated into four-syllable words, for example, "高兴""团圆""平安" can become "高高兴兴""团团圆圆""平平安安", producing a casual and lively effect.

1. 过年就是大家高高兴兴举行庆祝粮食丰收的活动。

過年就是大家高高興興舉行慶祝糧食豐收的活動。

New Year festivities were activities put on by people to celebrate happily a bumper grain harvest.

2. 饺子和汤圆都表示团团圆圆的意思。

餃子和湯圓都表示團團圓圓的意思。

Both dumplings and sweet dumplings represent family reunions.

3. 压岁钱是为了让小孩子在新的一年里平平安安。

壓歲錢是為了讓小孩子在新的一年裏平平安安。

The purpose of *yasuiqian* is to wish children to be safe and sound in the coming new year.

3. 每当……时候
每當……時候

měidāng....shíhou
when; whenever;
every time

1. 每当过年的时候，"年"就出来害人。

  每當過年的時候，"年"就出來害人。

  When the New Year comes, the "nian" will come out and harm people.

2. 每当快要考试的时候，他就去借别人的笔记。

  每當快要考試的時候，他就去借別人的筆記。

  Every time there is an exam, he goes to borrow other people's notes.

3. 每当没有钱的时候，就打电话给妈妈。

  每當沒有錢的時候，就打電話給媽媽。

  Whenever I have no money, I will call my mom.

4. "据说"和"听说"
"據說"和"聽說"

"jùshuō" and "tīngshuō"
it is said

◆ "据说" is used like "听说" to introduce a hearsay, but "据说" cannot be used after the subject in a sentence.

1. 据说过年的习俗早就有了。

  據說過年的習俗早就有了。

  It is said that the custom of celebrating the New Year already existed a long time ago.

2. 人们听说魔怪怕响声，也怕红颜色。

  人們聽說魔怪怕響聲，也怕紅顏色。

  People heard that monsters are afraid of noises and the color of red.

3. 我听说小张的女朋友很漂亮。

  我聽說小張的女朋友很漂亮。

  I've heard that Xiao Zhang's girlfriend is very beautiful.

  （×）我據說小張的女朋友很漂亮。

◆ Phrases can be inserted between "据" and "说" or "听" and "说". It introduces the source of information, and equivalent to "according to" in English.

4. 听小张说，他的女朋友很漂亮。

聽小張説，他的女朋友很漂亮。

I heard Xiao Zhang said that his girlfriend is very beautiful.

5. 我听小张说，他的女朋友很漂亮。

我聽小張説，他的女朋友很漂亮。

I heard Xiao Zhang said that his girlfriend is very beautiful.

6. 据天气预报说，明天有大雪。

據天氣預報説，明天有大雪。

According to the weather forecast, there will be heavy snow tomorrow.

（×）我據天氣預報説，明天有大雪。

5. **量词重叠**
量詞重叠

liàngcí chóngdié
reduplication of
measure words

◆ Measure word reduplication indicates a uniform situation with no exceptions. For example, "家家" means every family, "人人" refers to every person, and "年年" indicates every year.

1. 过年那天晚上，家家户户在门外放鞭炮。

過年那天晚上，家家戶戶在門外放鞭炮。

On New Year's Eve, every household will set off firecrackers outside the door.

2. "年年有鱼"意思是每一年的收入都有节余。

"年年有魚"意思是每一年的收入都有節餘。

"Having a fish every year" means that you will have surplus income every year.

3. 我们班上的同学个个都很聪明。

我們班上的同學個個都很聰明。

Every single student in our class is very smart.

6. 头
　　頭

tóu
first

◆ This is used before a numeral and measure word; it means the first.

1. 新年的头一天是大年初一。

新年的頭一天是大年初一。

The first day of the Lunar New Year is da nian chu yi.

2. 每天的头一节课，我常常迟到。

每天的頭一節課，我常常遲到。

I'm often late for the first class of the day.

3. 来美国的头几年，我一句英文都不会说。

來美國的頭幾年，我一句英文都不會説。

During the first few years after I came to the U.S., I couldn't speak any English at all.

7. 不是⋯⋯就是
　　不是⋯⋯就是

búshì...jiùshì
either ... or;
if not A ... then B

◆ "不是 ⋯⋯ 就是" denotes a choice between two possibilities.

1. 初一的早上所有的人家不是吃饺子，就是吃汤圆。

初一的早上所有的人家不是吃餃子，就是吃湯圓。

On the first morning of the Lunar New Year, all of the families will either eat dumplings or sweet dumplings.

2. 我周末不是洗衣服，就是整理房间。

我周末不是洗衣服，就是整理房間。

On the weekends, I will either wash my laundry or clean my room.

3. 我的女朋友不是让我请她吃饭，就是让我陪她看电影。

我的女朋友不是讓我請她吃飯，就是讓我陪她看電影。

If my girlfriend isn't asking me to treat her to dinner, then she's asking me to go to the movies with her.

舞龙和舞狮子

中国人过年的时候喜欢舞龙、舞狮子。

龙是一种传说中的动物，说它能上天，能下海，能呼风唤雨。大概从秦始皇开始，人们把龙和皇帝连在了一起，说皇帝就是天上的龙，只有天上的龙才可以当皇帝。后来龙成为一种权威的象徵，皇帝坐的椅子叫龙椅，睡的床叫龙床，画着龙的衣服只有皇帝可以穿。再后来，人们又说龙是中华民族的象徵，中国人是龙的传人。

那么为什么过年要舞龙呢？这是因为以前人们以为龙掌管着下雨和刮风，每当天旱，庄稼快要干死的时候，人们就去求龙快点儿下雨；每当大雨成灾，庄稼快要淹死的时候，又去求龙不要再下雨了。等到粮食丰收了，大家说这是龙的功劳。

龙是人们的救星，却又给人们带来许多灾难，大家既喜欢它又怕它。为了感谢龙让人们平平安安过一年，又希望下一年不要给人们带来灾难，所以过年的时候就去祭拜它。

可是没有人见过真的龙，也不知道龙长得什么样子，于是就根据闪电的形状，用黄绸布做成一条由蛇的身子、马的头、鸡的爪子和鱼的鳞组成的龙。过年时把这条又大、又长、又凶恶的龙抬出来让大家祭拜。这种抬着龙到处让大家祭拜的活动，慢慢地就变成了过年的一种娱乐了。

狮子是汉代才从国外运进来的。动物中最厉害的是狮子，许多有钱的人都希望狮子能够保护自己，可是狮子不能像猫、狗那样养在家里，所以就做了一些铜狮子、石狮子摆在自家的大门口。

后来一些练武功的人为了炫耀自己跟狮子一样厉害，就用红绸布制作成一头凶恶的大狮子。他们把狮子抬出来像舞龙那样地舞来舞去，舞狮子也成了过年时候的娱乐了。

舞龍和舞獅子

中國人過年的時候喜歡舞龍、舞獅子。

龍是一種傳說中的動物，說它能上天，能下海，能呼風喚雨。大概從秦始皇開始，人們把龍和皇帝連在了一起，說皇帝就是天上的龍，只有天上的龍才可以當皇帝。後來龍成為一種權威的象徵，皇帝坐的椅子叫龍椅，睡的床叫龍床，畫著龍的衣服只有皇帝可以穿。再後來，人們又說龍是中華民族的象徵，中國人是龍的傳人。

那麼為什麼過年要舞龍呢？這是因為以前人們以為龍掌管著下雨和颱風，每當天旱，莊稼快要乾死的時候，人們就去求龍快點兒下雨；每當大雨成災，莊稼快要淹死的時候，又去求龍不要再下雨了。等到糧食豐收了，大家說這是龍的功勞。

龍是人們的救星，卻又給人們帶來許多災難，大家既喜歡它又怕它。為了感謝龍讓人們平平安安過一年，又希望下一年不要給人們帶來災難，所以過年的時候就去祭拜它。

可是沒有人見過真的龍，也不知道龍長得什麼樣子，于是就根據閃電的形狀，用黃綢布做成一條由蛇的身子、馬的頭、雞的爪子和魚的鱗組成的龍。過年時把這條又大、又長、又凶惡的龍抬出來讓大家祭拜。這種抬著龍到處讓大家祭拜的活動，慢慢地就變成了過年的一種娛樂了。

獅子是漢代才從國外運進來的。動物中最厲害的是獅子，許多有錢的人都希望獅子能夠保護自己，可是獅子不能像貓、狗那樣養在家裏，所以就做了一些銅獅子、石獅子擺在自家的大門口。

後來一些練武功的人為了炫耀自己跟獅子一樣厲害，就用紅綢布製作成一頭凶惡的大獅子。他們把獅子抬出來像舞龍那樣地舞來舞去，舞獅子也成了過年時候的娛樂了。

1	舞龙　　舞龍	wǔlóng	*v.*	dragon dance (a team of men dancing with a cloth dragon at Chinese festivals)
2	舞狮子　舞獅子	wǔshīzi	*v.*	lion dance (a two-man team dancing inside a cloth lion at Chinese festivals)
3	呼风唤雨 呼風喚雨	hūfēnghuànyǔ	*id.*	summon wind and rain
4	权威　　權威	quánwēi	*n.*	authority
5	象徵　　象徵	xiàngzhēng	*v.*	symbolize
6	龙的传人 龍的傳人	lóngdechuánrén	*id.*	dragon's descendants
7	掌管　　掌管	zhǎngguǎn	*v.*	control; take charge of
8	刮风　　颳風	guāfēng	*v.*	windy
9	天旱　　天旱	tiānhàn	*adj.*	drought
10	庄稼　　莊稼	zhuāngjia	*n.*	crops
11	干死　　乾死	gānsǐ	*v.*	dying of drought
12	求　　　求	qiú	*v.*	ask; beg
13	灾　　　災	zāi	*n.*	calamity
14	灾难　　災難	zāinàn	*n.*	calamity
15	淹死　　淹死	yānsǐ	*v.*	drown
16	功劳　　功勞	gōngláo	*n.*	contribution; credit
17	救星　　救星	jiùxīng	*n.*	liberator; emancipator
18	祭拜　　祭拜	jìbài	*v.*	sacrifice to; worship
19	闪电　　閃電	shǎndiàn	*v.*	lightning
20	绸布　　綢布	chóubù	*n.*	silk
21	爪子　　爪子	zhuǎzi	*n.*	claw
22	鱼鳞　　魚鱗	yúlín	*n.*	fish scale
23	凶恶　　凶惡	xiōng'è	*adj.*	ferocious (negative connotation)
24	抬　　　抬	tái	*v.*	lift up; (of two or more persons) carry

25	到处	到處	dàochù	n.	everywhere
26	娱乐	娛樂	yúlè	n.	amusement; entertainment; recreation
27	厉害	厲害	lìhài	adj.	ferocious
28	保护	保護	bǎohù	v.	safeguard; protect
29	铜	銅	tóng	n.	bronze
30	练	練	liàn	v.	practice
31	武功	武功	wǔgōng	n.	martial arts
32	炫耀	炫耀	xuànyào	v.	show off

问题 / 問題　Questions

1. 什么是龙？龙会做什么？
   什麼是龍？龍會做什麼？

   _____

2. 天旱的时候人们为什么要去求龙？
   天旱的時候人們為什麼要去求龍？

   _____

3. 为什么大家既喜欢龙又怕龙？
   為什麼大家既喜歡龍又怕龍？

   _____

4. 为什么许多人家门口摆着铜狮子或者石狮子？
   為什麼許多人家門口擺著銅獅子或者石獅子？

   _____

5. 为什么人们过年要舞狮子？
   為什麼人們過年要舞獅子？

   _____

中国的节日 / 中國的節目
Chinese Festivals

	名称　名稱	拼音　拼音	英文　英文
1	元旦　元旦	yuándàn	New Year's Day
2	春节　春節	chūnjié	Spring Festival (the 1st day of the 1st month of the Chinese lunar calendar)
3	元宵节　元宵節	yuánxiāojié	Lantern Festival (the fifteenth day of the first lunar month)
4	清明节　清明節	qīngmíngjié	Tomb-sweeping Day (the fifth day of the fourth lunar month)
5	端午节　端午節	duānwǔjié	Dragon Boat Festival (the fifth day of the fifth lunar month)
6	七夕节　七夕節	qīxījié	Double Seventh Festival (the seventh day of the seventh lunar month)
7	中秋节　中秋節	zhōngqiūjié	Mid-Autumn Festival (the fifteenth day of the eighth lunar month)
8	重阳节　重陽節	chóngyángjié	Double Ninth Festival (the ninth day of the ninth lunar month)
9	妇女节　婦女節	fùnǚjié	March 8th the Women's Day
10	青年节　青年節	qīngniánjié	May 4th Youth Day
11	劳动节　勞動節	láodòngjié	May 1st International Labor Day
12	儿童节　兒童節	értóngjié	June 1st 1nternational Children's Day
13	建军节　建軍節	jiànjūnjié	August 1st Army Day
14	教师节　教師節	jiàoshījié	September 10th Teacher's Day
15	国庆节　國慶節	guóqìngjié	October 1st National Day

美国的节日 / 美國的節日
American Festivals

	名称　名稱	拼音　拼音	英文　英文
1	新年　新年	xīnnián	New Year's Day
2	马丁路德金纪念日 馬丁路德金紀念日	mǎdīnglùdéjīnjìniànrì	Martin Luther King, Jr. Day
3	总统节　總統節	zǒngtǒngjié	President's Day
4	阵亡将士纪念日 陣亡將士紀念日	zhènwángjiàngshìjìniànrì	Memorial Day
5	美国独立日 美國獨立日	méiguódúlìrì	Independence Day
6	国际劳动节 國際勞動節	guójìláodòngjié	Labour's Day
7	哥伦布尔日 哥倫布爾日	gēlúnbùér	Columbus Day
8	退伍军人节 退伍軍人節	tuìwǔjūnrénjié	Veterans Day
9	感恩节　感恩節	gǎn'ēnjié	Thanksgiving
10	圣诞节　聖誕節	shèngdànjié	Christmas
11	愚人节　愚人節	yúrénjié	April Fools' Day
12	情人节　情人節	qíngrénjié	Valentine's day
13	万圣节　萬聖節	wànshèngjié	Halloween

词汇索引／詞彙索引
Vocabulary Index

（号码表示课号，"R"表示阅读课文）

biànhuà	变化	變化	change	1
biǎoshì	表示	表示	show; express; indicate	2R
biǎoxiàn	表现	表現	show; display	10
bīngxuě	冰雪	冰雪	ice and snow	6R
bìngqiě	并且	並且	moreover; furthermore	3
bōshìdùn	波士顿	波士頓	Boston	8
bùfen	部分	部分	part	1R
bùjiǔ	不久	不久	before long; soon after	8R
bùtíng de	不停地	不停地	ceaselessly; continuously	1R
bùxíng	不行	不行	not okay; not doable	1R
bùxìng	不幸	不幸	unfortunate; unhappy	5
bùyīdìng	不一定	不一定	not always; uncertain	1

C

cǎixiá	彩霞	彩霞	rosy clouds	6R
cánjí	残疾	殘疾	the disabled	8
cànlànhuīhuáng	灿烂辉煌	燦爛輝煌	brilliant and glorious	9R
cè	册	冊	volume; book	2
céngjīng	曾经	曾經	once	9R
cháhú	茶壶	茶壺	tea pot	4R
cházìdiǎn	查字典	查字典	look up a word in a dictionary	1
chǎnshēng	产生	產生	produce; generate	2
chángchéng	长城	長城	The Great Wall	1R
chángjiǔ	长久	長久	long time	9R
chánglègōng	长乐宫	長樂宮	Changle Palace of Han dynasty	9R
chángmìngfùguì	长命富贵	長命富貴	live long and be successful	11
chángshòu	长寿	長壽	long life; longevity	9
chángyòng	常用	常用	in common use	1
cháodài	朝代	朝代	dynasty	3
chèxiāo	撤销	撤銷	dismiss from; rescind	7
chén	沉	沉	sink	6
chēnghu	称呼	稱呼	call; address	4
chéng	盛	盛	fill (a bowl)	4R
chéng	成	成	accomplish; succeed	5
chénglì	成立	成立	establish	4
chéngqiān shàngwàn	成千上万	成千上萬	thousands upon thousands	6R
chéngqiáng	城墙	城牆	city wall	3
chéngwéi	成为	成為	turn into; become	4
chéngzhǎng	成长	成長	grow up; development	8R
chóubù	绸布	綢布	silk	11R

chǒng'ài	宠爱	寵愛	dote on; spoil	7R
chǒu	丑	醜	ugly	5
chuīxū	吹嘘	吹噓	boast	8R
chūshēng	出生	出生	born	5R
chūxiàn	出现	出現	appear	4R
chújiù	除旧	除舊	get rid of the old	10R
chúxī	除夕	除夕	New Year's eve (Gregorian or Lunar)	11
chuānzhuó dǎbàn	穿着打扮	穿著打扮	way of dress; clothing and apparel	4
chuán	船	船	boat; ship	3R
chuán	传	傳	pass on; transmit; convey	4R
chuánshuō	传说	傳說	relay; legend	6R
chuántǒng	传统	傳統	traditional	7
chuánzōngjiēdài	传宗接代	傳宗接代	carry on the family line	7
chūnjié	春节	春節	Spring Festival	11
chūnlián	春联	春聯	Spring Festival couplets	10R
chūnqiū shíqī	春秋时期	春秋時期	Spring and Autumn period (770 B.C.–476 B.C.)	3R
cíqì	瓷器	瓷器	china; porcelain	4R
cōngming	聪明	聰明	intelligent; smart	1R
cónglái	从来	從來	always; at all times	5
cū	粗	粗	thick	10
cūcāo	粗糙	粗糙	rough	4R

D

dádào	达到	達到	reach; achieve	7
dǎbàn	打扮	打扮	dress up; put on make up	4
dǎzhàng	打仗	打仗	go to a war	2R
dàduōshù	大多数	大多數	majority	6R
dàgài	大概	大概	probably; about	2
dàibǎo	代表	代表	represent	5R
dàlù	大陆	大陸	mainland	7R
dàliàng	大量	大量	in great quantities	4R
dàmínggōng	大明宫	大明宮	Daming Palace of Tang dynasty	9R
dàniánchūyī	大年初一	大年初一	the first day of the Chinese Lunar Year	11
dàtóngshìjiè	大同世界	大同世界	The Great Harmony (an ideal or perfect society)	8
dàyùnhé	大运河	大運河	The Grand Canal	3R
dān	单	單	single	6R
dāncí	单词	單詞	word	1
dānxīn	担心	擔心	worry about	7R
dàndànde	淡淡的	淡淡的	light; thin; low in density	10

dāngguān	当官	當官	be an official	7
dāngrán	当然	當然	of course	5
dǎng	挡	擋	block; keep off	9
dǎo	倒	倒	fall	3
dàochù	到处	到處	everywhere	11R
dàoguòlái	倒过来	倒過來	flip upside down	6
dàoli	道理	道理	principle; reason	8
dédào	得到	得到	get; gain	7
dí	笛	笛	flute	6R
dǐxia	底下	底下	under	3
dìzhī	地支	地支	Earthly Branches (traditional terms indicating order)	5R
diǎn	典	典	standarized text (e.g. dictionary)	2
diǎntóu	点头	點頭	nod	1R
diànnǎo	电脑	電腦	computer	1
dōngyà	东亚	東亞	East Asia	4R
dòngwù	动物	動物	animal	5R
dūnzi	墩子	墩子	stool	4R
dú	独	獨	old people without offspring; the childless	8
dúshēngzǐnǚ	独生子女	獨生子女	only child	7R
dúyīn	读音	讀音	pronunciation	2R
duàn	段	段	section	3
duànliú	断流	斷流	stop flowing	3R
duì	对	對	match; fit one into other	5R
duì (yìng)	对 (应)	對 (應)	corresponding; homologous	10R
duìfāng	对方	對方	other side; counterpart	5R
duìlián	对联	對聯	antithetical couplet (written on scrolls, etc.)	10R
duìxiàng	对象	對象	marriage partner	5R
duìzhàng	对仗	對仗	antithesis; two lines (in poetry) with matching or parallel meanings, sentences with the matching words with the same part of speech	10R
duōzǐduōfú	多子多福	多子多福	the more sons, the more happiness	7
duōzāi	多灾	多災	be dogged by bad luck; to be plagued by frequent ills	9

E

ēpánggōng	阿房宫	阿房宫	Epang Palace of Qin dynasty	9R

F

fā	发	發	generate	6R
fābù	发布	發布	release; publish	7
fācái	发财	發財	get rich; have good fortune	6

fāmíng	发明	發明	invent	4R
fāxiàn	发现	發現	find out; discover	3
fāyīn	发音	發音	pronunciation	1
fákuǎn	罚款	罰款	fine; punish by levying fine	7
fān	翻	翻	turn over; capsize	6
fánróng	繁荣	繁榮	prosperous	4
fāngbiàn	方便	方便	convenient	3R
fāngfǎ	方法	方法	way; method	2
fāngmíng	芳名	芳名	good reputation	10R
fángwū	房屋	房屋	houses; buildings	9
fángzhǐ	防止	防止	prevent; avoid	3
fàngbiānpào	放鞭炮	放鞭炮	set off firecrackers	10R
fèixū	废墟	廢墟	ruins	9R
fēn	分	分	divide	6
fēnlí	分离	分離	separate; leave	6
fēnliè	分裂	分裂	split; divide	3
fēnggé	风格	風格	style; character	9
fēngshuǐbǎodì	风水宝地	風水寶地	the place with good feng shui	9
fēngshōu	丰收	豐收	bumper harvest	11
fēngshèng	丰盛	豐盛	rich; abundant	11
fèng	凤	鳳	phoenix	6R
fūqī	夫妻	夫妻	husband and wife	6
fú	幅	幅	measure word for paintings and pictures	2
fúqì	福气	福氣	good luck	6
fǔlàn	腐烂	腐爛	decompose	2
fù	复	複	compound	6R
fùjìn	附近	附近	nearby; close to	8R
fùmǔ	父母	父母	parents	1R
fùyù	富裕	富裕	prosperous; well of	9

G

gǎibiàn	改变	改變	change	5
gǎnjī	感激	感激	appreciate	5
gài	盖	蓋	build; construct	4
gānsǐ	干死	乾死	dying of drought	11R
gāng	缸	缸	vat, vessel	4R
gēngxīn	更新	更新	replace the old with the new	10R
gōngdiàn	宫殿	宮殿	imperial palace; royal palace	9
gōngfu	功夫	功夫	martial arts	7R
gōngjù	工具	工具	tools	3R

197

gōngláo	功劳	功勞	contribution; credit	11R
gōnglǐ	公里	公里	kilometre (km.)	9R
gōngsī	公司	公司	company	5
gōngzhí	公职	公職	public employment	7
gōngzhòng	公众	公眾	the public	8
gū	孤	孤	(of a child) fatherless; orphaned	8
gūdú	孤独	孤獨	lonely	7R
gǔāijíwénzì	古埃及文字	古埃及文字	Ancient Egyptian writing	2
gǔdài	古代	古代	ancient times	3R
gǔwénzì	古文字	古文字	ancient writing	2
gùgōng	故宫	故宮	Forbidden City	9R
guāfēng	刮风	颳風	windy	11R
guǎ	寡	寡	widow	8
guà	挂	掛	hang	9
guān	鳏	鰥	wifeless; widowered	8
guānniàn	观念	觀念	concept; notion	7
guānzhí	官职	官職	official position	7
guīdìng	规定	規定	stipulate; specify	7
guījiǎ	龟甲	龜甲	tortoise shells	2
guìzú	贵族	貴族	noble; nobility	8
guócuì	国粹	國粹	quintessence	10
guódū	国都	國都	capital city	3R
guò (nián/jié/ shēngrì)	过 (年 / 节 / 生日)	過 (年 / 節 / 生日)	celebrate (the New Year/a festival/a birthday)	6
guòduō	过多	過多	excess; too much	7
guòfèn	过分	過分	excess	7R

H

hài rén	害人	害人	harm people	11
hàipà	害怕	害怕	scared of; be afraid	11
hàisǐ	害死	害死	kill; cause someone's death	3
hàncháo	汉朝	漢朝	Han Dynasty (206 B.C.–A.D. 220)	4
hànwǔdì	汉武帝	漢武帝	Emperor Wu of the Han Dynasty	9R
hángzhōu	杭州	杭州	name of a city in China	3R
hǎoxiàng	好像	好像	seem; as if	6
hàomǎ	号码	號碼	number	6
hé	禾	禾	grain; cereal	11
hédào	河道	河道	river course	3R
héliú	河流	河流	river	3R
hémùxiāngchǔ	和睦相处	和睦相處	get along in harmony	8

héshì	合适	合適	suitable; appropriate	5R
hēi	嘿	嘿	hey	1R
hóngniáng	红娘	紅娘	female matchmaker	5
hóngyánsè	红颜色	紅顏色	red color	11
hòudài	后代	後代	descendants	9
hūfēnghuànyǔ	呼风唤雨	呼風喚雨	summon wind and rain	11R
hú	湖	湖	lake	2R
hú	糊	糊	(of food) burnt	2R
hú	胡	胡	a family name	2R
húdié	蝴蝶	蝴蝶	butterfly	2R
hútu	糊涂	糊塗	confused; bewildered	2R
huā	花	花	spend	1R
huāyánqiǎoyǔ	花言巧语	花言巧語	honeyed and deceiving words	5
huálì	华丽	華麗	magnificent	9R
huáqiáo	华侨	華僑	overseas Chinese; Chinese immigrant	4
huáxià	华夏	華夏	an ancient name for China	4
huáxiàhòuyì	华夏后裔	華夏後裔	Chinese descendants	4
huánjìng	环境	環境	environment; surroundings	8R
huángdì	皇帝	皇帝	emperor	3R
huánghé	黄河	黃河	The Yellow River	2R
hūnyīn	婚姻	婚姻	marriage	5
huódòng	活动	活動	activity	11

J

jíbìng	疾病	疾病	disease	9
jílì	吉利	吉利	lucky	6
jíxiáng	吉祥	吉祥	fortunate; promising	6R
jì	记	記	remember; bear in mind	1
jìbài	祭拜	祭拜	sacrifice to; worship	11R
jìhuì	忌讳	忌諱	taboo	6
jìhuà	计划	計劃	plan	7
jìlù	记录	記錄	record	10
jiājiāhùhù	家家户户	家家戶戶	every family	11
jiāyùguān	嘉峪关	嘉峪關	Jiayu Pass of the Great Wall	3
jiāzú	家族	家族	clan; family	7
jiǎ	假	假	false; fake; artificial	11
jiǎgǔwén	甲骨文	甲骨文	inscriptions on bones or tortoise shells of the Shang Dynasty (1600 B.C.–1046 B.C.)	2
jiǎnchēng	简称	簡稱	abbreviation	4
jiǎndān	简单	簡單	simple	1
jiǎozi	饺子	餃子	dumplings	11

jià	嫁	嫁	(of a woman) marry	5
jiànkāng	健康	健康	healthy	9
jiànlì	建立	建立	establish	3
jiànmiàn	见面	見面	meet	5
jiànyì	建议	建議	suggest; propose	9
jiànzào	建造	建造	build; construct	9
jiànzhù	建筑	建築	building; architecture	9
jiāngjìn	将近	將近	nearly; almost; close to	7
jiānglái	将来	將來	future	6R
jiāo'ào	骄傲	驕傲	pride; proud	3
jiāoguàn	娇惯	嬌慣	spoil	7R
jiāopéngyǒu	交朋友	交朋友	make friends	7R
jiāotōng	交通	交通	transportation; traffic	3R
jiàomài	叫卖	叫賣	peddle; cry one's wares	8R
jiàoyù	教育	教育	education	7R
jiàoyùjiā	教育家	教育家	educator	8
jiàozuò	叫做	叫做	to be addressed as	2R
jiégòu	结构	結構	structure; construction	9
jiéhūn	结婚	結婚	marry	1R
jiéyú	节余	節餘	remaining	11
juédàduōshù	绝大多数	絕大多數	the vast majority	2R
juéde	觉得	覺得	feel; think	1
jiějué	解决	解決	solve; resolve	7
jìnbù	进步	進步	progressive; advanced	5R
jìnián	纪年	紀年	the way of numbering the years	5R
jìnrù	进入	進入	enter; get into	4
jìntóu	尽头	盡頭	end	9R
jìrì	纪日	紀日	the way of numbering the days	5R
jìshù	计数	計數	count; calculate	5R
jìtuō	寄托	寄托	place (one's hope) in	6R
jīnghuá	精华	精華	essence	10
jīngjù	京剧	京劇	Peking Opera	10
jīngměi	精美	精美	exquisite; elegant	10
jìngzi	镜子	鏡子	mirror	9
jiǔ	久	久	for a long time	2
jiùxīng	救星	救星	liberator; emancipator	11R
jūzhù	居住	居住	live in	4
jǔxíng	举行	舉行	hold (ceremony, celebration)	11
jǔzhǐ	举止	舉止	bearing; manner	8R
jùyǒu	具有	具有	have	5R

K

kāichú	开除	開除	fire; discharge from	7
kāishǐ	开始	開始	begin; start	5R
kànfēngshuǐ	看风水	看風水	practise geomancy; practise feng shui	9
kěpà	可怕	可怕	fearful; terrible	11
kěxiào	可笑	可笑	ridiculous	10R
kèxiě	刻写	刻寫	inscribe, carve	2
kōngzhōng	空中	空中	in the air	6R
kòngzhì	控制	控制	control	7
kuángcǎo	狂草	狂草	wild scribble	10
kuài	筷	筷	chopsticks	2R
kùnnán	困难	困難	difficulty	8R

L

lǎobǎixìng	老百姓	老百姓	ordinary people	9
lěi	垒	壘	lay bricks	3R
lí	梨	梨	pear	6
lí	离	離	space distance	8R
lǐ	里	里	Chinese unit of length (=1/2 kilometer)	3
lìdài	历代	歷代	past dynasties	9
lìhài	厉害	厲害	ferocious	11R
lìqi	力气	力氣	physical strength; effort	6R
lìrú	例如	例如	for example	1
lìshǐxuéjiā	历史学家	歷史學家	historian	11
lúnyǔ	论语	論語	The Analects of Confucius	8
liáocǎo	潦草	潦草	(of handwriting) hasty and careless; illegible	10
liǎojiě	了解	瞭解	understand; know	5
liàn	练	練	practice	11R
lèibié	类别	類別	class; classification; category	8
liánghǎo	良好	良好	good	7R
liángshi	粮食	糧食	grain	3R
líng	铃	鈴	bell	6R
líng	陵	陵	imperial tomb	9R
língmù	陵墓	陵墓	tomb; mausoleum	9
liú	流	流	flow	3R
liútǎng	流淌	流淌	flow	3R
lóngdechuánrén	龙的传人	龍的傳人	dragon's descendants	11R
lóngfēifèngwǔ	龙飞凤舞	龍飛鳳舞	lively and vigorous flourishes in calligraphy	10
lùbùshíyí	路不拾遗	路不拾遺	no one picks up and pockets anything lost on the road — descriptive of a high moral standard in society	8

M

máfan	麻烦	麻煩	troublesome; problematic	5R
mǎchē	马车	馬車	horse carriage; horse drawn cart	3R
mǎyǎwénzì	玛雅文字	瑪雅文字	Mayan writing	2
mái	埋	埋	bury	3
mǎnyì	满意	滿意	satisfied	5
máobǐ	毛笔	毛笔	writing brush	10
méipó	媒婆	媒婆	female matchmaker	5
mén	门	門	measure word for marriage	5
ménshén	门神	門神	door-god (devine guardians of doors and gates)	10R
méntóu	门头	門頭	lintel of a door	9
mèng jiāngnǚ	孟姜女	孟姜女	name of a person	3
mèngmǔsānqiān	孟母三迁	孟母三遷	the mother of Mencius moved three times	8R
mèngzǐ	孟子	孟子	Mencius (B.C.372–B.C.289)	8R
mílèfó	弥勒佛	彌勒佛	Maitreya Buddha	10R
míxìn	迷信	迷信	(to be) superstitious, superstition	2
mǐ	米	米	meter	9R
miànji	面积	面積	area	9R
mínjiān gùshi	民间故事	民間故事	folktale	3
míngcháo	明朝	明朝	Ming Dynasty (1368–1644)	3
míngliàng	明亮	明亮	bright	2R
míngqīngshídài	明清时期	明清時期	The period of Ming and Qing dynasties	9R
míngshēng	名声	名聲	reputation	5
míngyánmíngjù	名言名句	名言名句	famous quotes	10
móchéng	磨成	磨成	rub	10
mófǎng	模仿	模仿	imitate; model oneself on	8R
móguài	魔怪	魔怪	monster	11
mò (kuài)	墨 (块)	墨 (塊)	ink stick	10
mòzhī	墨汁	墨汁	prepared Chinese ink	10
mùdì	墓地	墓地	graveyard; cemetery	8R

N

nántīng	难听	難聽	(of sound) awful; unpleasant	6
nénggàn	能干	能幹	capable; talented	5
nénggòu	能够	能夠	can; be able to	8R
niánlíng	年龄	年齡	age	5
niánniányǒuyú	年年有鱼	年年有魚	There is surplus money every year	11
niángāo	年糕	年糕	sweet rice cake	11
niǎo	鸟	鳥	bird	6R
niúgǔ	牛骨	牛骨	ox bones	2

nónglì	农历	農曆	lunar calendar	5R
nǔlì	努力	努力	make great effort	8R

P

pà	怕	怕	scared of; be afraid	11
páilóu	牌楼	牌樓	decorated archway; ornamental archway	8
páiliè	排列	排列	put ... in order	1
páizhào	牌照	牌照	license plate; license tag	6
pán	盘	盤	plate	4R
pén	盆	盆	tub; basin	4R
pěng	捧	捧	hold in both hands	2
piānpáng	偏旁	偏旁	radicals (of characters)	1
piàoliang	漂亮	漂亮	pretty	1R
pínkùn	贫困	貧困	impoverished	9
pínqióng	贫穷	貧窮	poor; impoverished	9
pīnxiě	拼写	拼寫	spell	1
píng'ān	平安	平安	safe and sound	9
píngfāng	平方	平方	square (measurement of an area)	9R
píngfēng	屏风	屏風	screen	9
píngmín	平民	平民	the common people	8
píngpíngān'ān	平平安安	平平安安	safe and sound	6R
píngzè	平仄	平仄	level and oplique tonal patterns esp. used for rhyming in classical Chinese poetry and couplets	10R
pǔtōng	普通	普通	ordinary; common	8R

Q

qítā	其他	其他	other	4
qǐ	起	起	start	3R
qǐ (míngzi)	起（名字）	起（名字）	give (name)	6R
qǐfā	启发	啓發	inspire; enlighten	10
qiān	迁	遷	move; change	8R
qiāngǔ	千古	千古	through the ages	10R
qiángdà	强大	強大	strong and powerful	4
qīnlüè	侵略	侵略	invade	3
qīnrén	亲人	親人	one's family members; loved ones	8
qín	琴	琴	a general name for certain musical instruments	6R
qíncháo	秦朝	秦朝	Qin Dynasty (221 B.C.–207 B.C.)	3
qínláo	勤劳	勤勞	diligent; hardworking	5R
qínshǐhuáng	秦始皇	秦始皇	The First Emperor of the Qin dynasty (259 B.C.–210 B.C.)	3
qíngkuàng	情况	情况	situation	7
qìngzhù	庆祝	慶祝	celebrate	10R

qióngrén	穷人	窮人	poor people	8
quánbù	全部	全部	whole; all	11
quánwēi	权威	權威	authority	11R
qiú	求	求	ask; beg	11R
qūguǐ	驱鬼	驅鬼	expel evil spirits	10R
qǔ	娶	娶	(of a man) marry	5
qùshì	去世	去世	die; pass away	8

R

rènhé	任何	任何	any	1
rìcháng	日常	日常	everyday; day-to-day	4R
róng	容	容	contain; tolerate	10R
rónghuáfùguì	荣华富贵	榮華富貴	high position and great wealth	9
róngyì	容易	容易	easy	1
ruǎnjiàn	软件	軟件	software	1

S

sānniánjí	三年级	三年級	third year in school	1R
sǎn	伞	傘	umbrella	6
sàn	散	散	break up; disperse	6
shǎndiàn	闪电	閃電	lightning	11R
shāngcháo	商朝	商朝	Shang Dynasty	2
shāngrén	商人	商人	merchant; businessman	4R
shāngxīn	伤心	傷心	sad; grieved	3
shānhǎiguān	山海关	山海關	Shanhai Pass of the Great Wall	3
shàngdì	上帝	上帝	God	2
shāo	烧	燒	burn	2R
shāohuǐ	烧毁	燒毀	destroy by fire	9R
sháo	勺	勺	spoon; ladle	4R
shǎoshùmínzú	少数民族	少數民族	ethnic minority	3
shèhuì	社会	社會	society	4
shènzhì	甚至	甚至	even; (go) so far as to …	5
shēngchǎn	生产	生產	produce	10
shēngguān	升官	升官	promote to a higher position	9
shēnghuó	生活	生活	live; life	2
shēngpáng	声旁	聲旁	phonetic element of a character	2R
shēngxiāo	生肖	生肖	the same as "属相"	5R
shēngyù	生育	生育	give birth to; bear	7
shēngyīn	声音	聲音	sound	1
shèngkāi	盛开	盛開	be in full bloom	4
shèngrén	圣人	聖人	sage; wise man	8

shíqī	时期	時期	period	7R
shǐyòng	使用	使用	use	2
shìchǎng	市场	市場	marketplace; market	8R
shìjiān	世间	世間	the world	10R
shōu	收	收	admit	8
shōurù	收入	收入	income; revenue	11
shǒudū	首都	首都	capital	9R
shòudào	受到	受到	receive	7R
shūfǎjiā	书法家	書法家	calligrapher	10
shūrù	输入	輸入	input	1
shūxiě	书写	書寫	write	10
shǔ	属	屬	belong to	5R
shǔjià	暑假	暑假	summer vacation	1R
shǔxìng	属性	屬性	attribute; characteristic	5R
shǔxiàng	属相	屬相	Chinese Zodiac (there're twelve animals used to symbolize the year in which a person is born)	5R
shuāng	双	雙	double; two	6R
shuāngfāng	双方	雙方	both sides	5
shuǐpíng	水平	水平	level	7
shùnshun liūliu	顺顺溜溜	順順溜溜	smoothly	6
shuōfǎ	说法	說法	statement; version	4R
sīmǎ	司马	司馬	a compound surname	6R
sīmǎtái	司马台	司馬台	the Simatai fort of the Great Wall	3
sīxiǎngjiā	思想家	思想家	ideologist	8
sìmiào	寺庙	寺廟	temple	10R
sòng zhōng	送终	送終	attend to a dying parent or other senior member of one's family; arrange the funeral of a parent of senior member of the family	6
sòngcháo	宋朝	宋朝	Song Dynasty (960–1280)	4R
sūměiěrwénzì	苏美尔文字	蘇美爾文字	Sumerian writing	2
sùdù	速度	速度	speed	7R
suícháo	隋朝	隋朝	Sui Dynasty (581–618)	3R
suìshu	岁数	歲數	age	11
suǒ	所	所	agency	5
suǒyǒu	所有	所有	every; all	7R

T

tái	抬	抬	lift up; (of two or more persons) carry	11R
tàijígōng	太极宫	太極宮	Taiji Palace of Tang dynasty	9R
tàiyáng	太阳	太陽	the sun	2R

tāng	汤	湯	soup	4R
tāngmu	汤姆	湯姆	name of a person: Tom	1R
tāngyuán	汤圆	湯圓	sweet dumplings made of glutinous rice flour	11
tángcháo	唐朝	唐朝	Tang Dynasty (618–907)	4
tángrén jiē	唐人街	唐人街	Chinatown	4
táofú	桃符	桃符	peach wood charms used to ward off evil, hung on doors on the Lunar New Year's Eve in ancient times	10R
táomùbǎn	桃木板	桃木板	peach wood board	10R
tǎojiàhuánjià	讨价还价	討價還價	bargain; haggle	8R
tǎoyàn	讨厌	討厭	dislike; be sick of	6
tèbié	特别	特別	especially	1
tèshū	特殊	特殊	special; unusual	7
tiānhàn	天旱	天旱	drought	11R
tiānxiàwéigōng	天下为公	天下為公	everything under heaven belongs to everyone	8
tiāngān	天干	天干	Ten Heavenly Stems (traditionally used as serial numbers)	5R
tiàowǔ	跳舞	跳舞	dance	7R
tiē	贴	貼	paste	6
tīngshuō	听说	聽説	heard (of); be told (of)	1R
tíngzhù	停住	停住	stop; anchor	6
tóng	铜	銅	bronze	11R
tóngyì	同意	同意	agree with	1R
tóngyàng	同样	同樣	same	1
tǒngyī	统一	統一	unify	3
túhuà	图画	圖畫	drawing; picture	2
tùmáo	兔毛	兔毛	rabbit hair	10
tuántuányuányuán	团团圆圆	團團圓圓	a gathering of the whole family; family reunion	11

W

wā	挖	挖	dig	3R
wánquán	完全	完全	entirely; totally	1R
wǎn	碗	碗	bowl	4R
wǎnlián	挽联	挽聯	elegiac couplet	10R
wànhù	万户	萬戶	general term for many families	10R
wéiyī	唯一	唯一	sole; only; unique	2
wéizhe	围着	圍著	enclose; surround	7R
wěidà	伟大	偉大	great	3
wèiyāng	未央	未央	not ended	9R
wèiyānggōng	未央宫	未央宮	Weiyang Palace of Han dynasty	9R

wèizhì	位置	位置	place; position	9
wénhuà	文化	文化	culture	5R
wénmíng	文明	文明	civilization	4
wénmíng	闻名	聞名	well-known	9R
wénzhāng	文章	文章	essay	1
wēngùzhīxīn	温故知新	溫故知新	gain new insights through restudying old material	8
wēnshùn	温顺	溫順	docile; gentle	5R
wūdǐng	屋顶	屋頂	roof	9R
wūyā	乌鸦	烏鴉	crow	6
wú	无	無	do not have; without	8
wǔgōng	武功	武功	martial arts	11R
wǔlóng	舞龙	舞龍	dragon dance (a team of men dancing with a cloth dragon at Chinese festivals)	11R
wǔshù	武术	武術	Chinese martial arts	10
wǔshīzi	舞狮子	舞獅子	lion dance (a two-man team dancing inside a cloth lion at Chinese festivals)	11R
wǔzétiān	武则天	武則天	Empress Wu Zetian of the Tang Dynasty	9R
wùpǐn	物品	物品	products; goods	3R
wùtǐ	物体	物體	object	2

X

xífu	媳妇	媳婦	wife	5
xísú	习俗	習俗	custom	11
xī'ān	西安	西安	name of a city in China	3R
xīfāng	西方	西方	Western	1R
xīmén	西门	西門	a compound surname	6R
xīwàng	希望	希望	hope	6
xì	细	細	thin	6R
xǐhuān	喜欢	喜歡	like	1R
xǐlián	喜联	喜聯	wedding couplet	10R
xǐquè	喜鹊	喜鵲	magpie	6
xǐshì	喜事	喜事	happy event	6
xiàjiàng	下降	下降	decline; drop	7
xiān	锨	鍁	shovel	3R
xiánhuì	贤惠	賢惠	(of a woman) virtuous; genial and prudent	5
xiányánggōng	咸阳宫	咸陽宮	Xianyang Palace of Qin dynasty	9R
xiàntiáo	线条	綫條	line; streak	10
xiāngguān	相关	相關	relate	10R
xiānghùxìnrèn	相互信任	相互信任	mutual trust; trust each other	8
xiāngjìn	相近	相近	close; similar	6

xiāngliào	香料	香料	perfume; spice	10
xiāngwèi	香味	香味	fragrance	10
xiāngxìn	相信	相信	believe	4R
xiǎngshēng	响声	響聲	sound; noise	11
xiàng	像	像	take after; look like; be same or similar in image	2
xiàng	向	向	towards	3R
xiàngzhēng	象徵	象徵	symbolize	11R
xiāozāi	消灾	消災	prevent calamities	11
xiàohēhē	笑呵呵	笑呵呵	smiling broadly	10R
xīnláng	新郎	新郎	bridegroom	5
xīnniáng	新娘	新娘	bride	5
xīnshǎng	欣赏	欣賞	appreciate; enjoy	10
xíng	行	行	do; go	10R
xíngpáng	形旁	形旁	semantic element of a character	2R
xíngzhuàng	形状	形狀	appearance; form; shape	2R
xìngfú	幸福	幸福	happy	5
xiōng	凶恶	凶惡	ferocious (negative connotation)	11R
xiōngdìjiěmèi	兄弟姐妹	兄弟姐妹	brothers and sisters; siblings	7R
xióngwěi	雄伟	雄偉	grand; imposing and great	9R
xiūjiàn	修建	修建	construct; build	3
xuānchéng	宣城	宣城	name of a city in China	10
xuānzhǐ	宣纸	宣紙	the type of paper made in Xuancheng for Chinese calligraphy and painting	10
xuànyào	炫耀	炫耀	show off	11R
xuéwen	学问	學問	knowledge	9

Y

yāshèngqián	压胜钱	壓勝錢	money to bring luck and ward off evil	11
yāsuìqián	压岁钱	壓歲錢	money given to children as New Year's gift	11
yāzhù	压住	壓住	push down	11
yàshèng	亚圣	亞聖	second sage	8R
yānfěn	烟粉	烟粉	ash from a fire	10
yānsǐ	淹死	淹死	drown	11R
yándìhuángdì	炎帝黄帝	炎帝黃帝	Emperor Yan and Emperor Yellow, legendary rulers of China in remote antiquity	4
yánjiū	研究	研究	study; research	9
yántán	言谈	言談	the way one speaks	8R
yánxù	延续	延續	continue; go on	7
yǎnlèi	眼泪	眼淚	tears	2R

yàn	燕	燕	swallow (bird)	1R
yàn (tái)	砚（台）	硯（台）	inkstone	10
yánglì	阳历	陽曆	the Gregorian calendar	11
yángmáo	羊毛	羊毛	goat hair; wool	10
yánhuángzǐsūn	炎黄子孙	炎黃子孫	descendants of Yandi and Huangdi; the Chinese people	4
yǎng (yú)	养（鱼）	養（魚）	raise fish	4R
yǎng'érfánglǎo	养儿防老	養兒防老	raise sons to support parents in old age	7
yàngzi	样子	樣子	appearance; form; shape	2
yāoqiú	要求	要求	require	10R
yáotóu	摇头	搖頭	shake one's head	1R
yǎo	舀	舀	scoop; ladle out	4R
yèbùbìhù	夜不闭户	夜不閉戶	doors are not bolted at night	8
yěxǔ	也许	也許	maybe	6R
yībèizi	一辈子	一輩子	all one's life	6R
yīdìng	一定	一定	must; certainly	1
yīdài	一带	一帶	area	4
yīgòng	一共	一共	in all; in total	9R
yīng	莺	鶯	warbler; oriole	6R
yīzhí	一直	一直	all the time; all through	9
yīzhuózhěngjié	衣着整洁	衣著整潔	neatly dressed	4
yíjū	移居	移居	migrate	4
yízhǐ	遗址	遺址	historic site	9R
yì	亿	億	hundred million	6R
yìshù	艺术	藝術	art	10
yìshùpǐn	艺术品	藝術品	work of art	10
yìsi	意思	意思	meaning	1
yínglái	迎来	迎來	welcome; greet	10R
yínglián	楹联	楹聯	couplet carved or hung on the pillars of a hall	10R
yǐngxiǎng	影响	影響	sound; noise	8R
yóuxì	游戏	遊戲	game	8R
yǒu chūxi	有出息	有出息	successful	6R
yǒujiàowúlèi	有教无类	有教無類	make no social distinctions in teaching; provide education without discrimination	8
yǒulǐmào	有礼貌	有禮貌	courteous; polite	8R
yǒnggǎn	勇敢	勇敢	brave; courageous	5R
yòngxīn	用心	用心	diligently; attentively	6R
yú	余	餘	surplus	11
yúlè	娱乐	娛樂	amusement; entertainment; recreation	11R
yúlín	鱼鳞	魚鱗	fish scale	11R

yǔfǎ	语法	語法	grammar	1
yǔyán	语言	語言	language	1
yù	玉	玉	jade	6R
yuándàn	元旦	元旦	New Year's Day	11
yuánlín	园林	園林	gardens	10R
yuánshǐbùluò	原始部落	原始部落	primitive tribe	4
yuánshǐcíqì	原始瓷器	原始瓷器	prehistoric pottery	4R
yuànyì	愿意	願意	willing	3R
yuèliang	月亮	月亮	the moon	2R
yuèqì	乐器	樂器	musical instrument	6R
yǔnxǔ	允许	允許	allow	7R
yùn	运	運	transport	3R
yùnshū	运输	運輸	transportation; transport	3R

Z

zāi	灾	災	calamity	11R
zāihuò	灾祸	災禍	disaster; calamity	9
zāinàn	灾难	災難	calamity	11R
zǎo (wǎn) qī	早（晚）期	早（晚）期	early (late) stage/period	2
zàochéng	造成	造成	create	5
zěnmebàn	怎么办	怎麼辦	What's to be done? what can one do?	1R
zēngzhǎng	增长	增長	increase; rise	7
zhīshi	知识	知識	knowledge; intellectual	8
zhīzhū	蜘蛛	蜘蛛	spider	6
zhīzhīwéizhīzhī, bùzhīwéibùzhī	知之为知之，不知为不知	知之為知之，不知為不知	If you know, recognise that you know. If you don't know realise that you don't know. ("之" has no meaning in this idiom)	8
zhìcái	制裁	制裁	place sanctions on; punish	7
zhìdìng	制定	制定	establish; formulate	7
zhìliàng	质量	質量	quality	9
zhìzuò	制作	製作	manufacture	4R
zhānbǔ	占卜	占卜	practice divination; divine	2
zhǎngde	长得	長得	looks; grow	6
zhǎngguǎn	掌管	掌管	control; take charge of	11R
zhàn	占	占	occupy; account for	7
zhànhuǒ	战火	戰火	flames of war	9R
zhànjù	占据	占據	occupy	9
zhànguóshíqī	战国时期	戰國時期	Warring States period (475 B.C.–221 B.C.)	3
zhào xiǎoyàn	赵小燕	趙小燕	name of a person	1R
zhàogù	照顾	照顧	take care for; look after	7

zhème	这么	這麼	so; such; in this way (indicating nature, state, way, degree, etc.)	7
zhèngcè	政策	政策	policy	7
zhèngfǔ	政府	政府	government	7
zhèngshì	正式	正式	formal; official	4
zhēn	真	真	true; real; genuine	11
zhēnde	真的	真的	really; truly; indeed	6
zhěntou	枕头	枕頭	pillow	4R
zhěngjié	整洁	整潔	clean and tidy	4
zhōng	钟	鐘	clock	6
zhōnghuá mínguó	中华民国	中華民國	Republic of China	4
zhōngxiàyóu	中下游	中下游	middle and lower reaches of a river	4
zhōngyī	中医	中醫	Chinese medicine	10
zhǒnglèi	种类	種類	kind; type	10R
zhòng	种	種	seed; grow	4
zhōu	周	周	Zhou Dynasty (1122 B.C.–221 B.C.)	9R
zhúpiàn	竹片	竹片	bamboo chip	2
zhǔyào	主要	主要	main; major	8R
zhǔzhāng	主张	主張	advocate; stand for	8
zhùfú	祝福	祝福	blessing	10R
zhùyì	注意	注意	pay attention to	1
zhuā	抓	抓	grab; seize; catch	2R
zhuǎzi	爪子	爪子	claw	11R
zhuān	砖	磚	brick	3R
zhuānmén	专门	專門	specialize in; specially	5
zhuàn	转	轉	turn	7R
zhuànqián	赚钱	賺錢	make money	6
zhuāng	装	裝	hold; contain	4R
zhuāng	装	裝	pretend; make believe	8
zhuāngjia	庄稼	莊稼	crops	11R
zìmǔ	字母	字母	letters of an alphabet	1
zìsī	自私	自私	selfish	7R
zìtǐ	字体	字體	the shape of the character; fonts	10
zìyīn	字音	字音	pronunciation of a character	1
zōngyǐng	踪影	蹤影	trace; sign	9
zǒng	总	總	overall; total	7
zǔdǎng	阻挡	阻擋	stop; block	3
zǔxiān	祖先	祖先	ancestors	4
zūnjìng	尊敬	尊敬	respect	8
zuòméi	做媒	做媒	be a matchmaker; go between	5

语法词语注释索引 / 語法詞語注釋索引
Grammar and Terms Index

（号码表示课号，"R"表示阅读课文）

A

A gēn B yǒuguānxi	A 跟 B 有关系	A 跟 B 有關係	A is related to B	2

B

bǎ...dàngzuò	把…… 做	把…… 當做	treat as; regard as	8
bǎifēnzhī X	百分之 X	百分之 X	X percent	7
"bāngmáng" and "bāngzhù"	"帮忙"和"帮助"	"幫忙"和"幫助"	help	5
bèi	被	被	by	3
bìng (méiyǒu/bù)	并（没有 / 不 ）	並（沒有 / 不 ）	actually not; not at all	9
bùdàn...érqiě/yě/hái	不但……而且 / 也 / 还	不但……而且 / 也 / 還	not only... but also	
bùguǎn...dōu	不管……都	不管……都	no matter what...	3
bùguǎn...háishì...dōu	不管……还是……都	不管……還是……都	no matter A or B	5
bùguò	不过	不過	but; however	6
bùjǐn...yě/hái	不仅（仅）……也 / 还	不僅（僅）……也 / 還	not only..., but also	6
bùshì...érshì...	不是……而是	不是……而是	not...but rather...	9
bùshì...jiùshì	不是……就是	不是……就是	if not A ...then B	11
bùzhǐshì...yě/hái	不只是……也 / 还	不只是……也 / 還	not only…but also	8

C

cái	才	才	in addition to; besides	2
chàbuduō	差不多	差不多	almost	1
chúle...(yǐwài)	除了……（以外）	除了……（以外）	in addition to; besides	2
cóng	从	從	from	1
cóng...qǐ/kāishǐ	从……起 / 开始	從……起 / 開始	since; from	4

D

"dàdōu" and "dàduōshù"	"大都"和"大多数"	"大都"和"大多數"	most of; mostly	10
dāng...shíhou	当……时候	當……時候	when	3
dàodǐ	到底	到底	after all	9
duìyú/duì	对于 / 对	對於 / 對	for; to; with regard to	7

F

fēi...bùkě (bùxíng/bùchéng)	非……不可 （不行 / 不成）	非……不可 （不行 / 不成）	insist on; must; have to	7

G				
gǎi V	改 V	改 V	change; instead of	4
gēnběn	根本	根本	at all; simply	10
gēnjù	根据	根據	according to	9
H				
hái (shì)	还 (是)	還 (是)	still	2
huà...wéi	化……为……	化……為……	change...into; turn...into	9
"huòzhě" and "háishì"	"或者"和"还是"	"或者"和"還是"	or	6
J				
jíshǐ...yě	即使……也	即使……也	even if...still	8
jì...yòu/yě	既……又/也	既……又/也	both ... and	6
"jùshuō" and "tīngshuō"	"据说"和"听说"	"據説"和"聽説"	it is said	11
L				
lián...yě/dōu/hái	连……也/都/还	連……也/都/還	even	4
liàngcí chóngdié	量词重叠	量詞重叠	reduplication of...	11
M				
měidāng...shíhou	每当……时候	每當……時候	when; whenever	11
Q				
qíshí	其实	其實	in fact; actually	1
qízhōng	其中	其中	among them	10
què	却	卻	but; however	7
R				
rúguǒ/yàoshì... nàme/jiù	如果/要是…… 那么/就	如果/要是…… 那麼/就	if ... then	2
ràng	让	讓	let; make	5
"rènwéi" and "yǐwéi"	"认为"和"以为"	"認為"和"以為"	believe; think	4
S				
"shòudào" and "dédào"	"受到"和"得到"	"受到"和"得到"	get; receive and gain	8
suīrán...dànshì/kěshì	虽然……但是/可是	雖然……但是/可是	although... (but)...	1
T				
(time period) lái	(时间) 来	(時間) 來	time indication	5
tóu	头	頭	first	11
V				
V qǐlái	V 起来	V 起來	directional complement	3
V xiàlái	V 下来	V 下來	directional complement	2

W

wéi	为	為	to be	8
wèile	为了	為了	for the purpose of	3

X

xiāng V	相 V	相 V	V each other	6
xíngróngcí chóngdié	形容词重叠	形容詞重叠	adjective reduplication	11

Y

yīdiǎnr dōu/yě (bù/méiyǒu)	一点儿都/也 (不/没有)	一點兒都/也 (不/沒有)	not...at all; not at all...	6
"yǐhòu" and "hòulái"	"以后"和"后来"	"以後"和"後來"	after; later	3
yǐjí	以及	以及	as well as; and	8
"yǐshàng" and "yǐxià"	"以上"和"以下"	"以上"和"以下"	"above" and "below"	7
yǐzhìyú	以至（于）	以至（於）	so...that...; as a result	10
yīnwèi...(suǒyǐ)	因为……（所以）	因為……（所以）	because...(therefore)	1
"yóuqí" and "tèbié"	"尤其"和"特别"	"尤其"和"特別"	especially; particularly	7
yóu...zǔchéng	由……组成	由……組成	be made of; consist of	2
yóuyú...yīncǐ/suǒyǐ	由于……因此/所以	由於……因此/所以	by reason of	6
yòu...ne?	又……呢？	又……呢？	could it be ...?	10
yòng...V	用……V	用……V	use / using / with...V	1
yúshì	于是	於是	and then; hence	4
yuèláiyuè...	越来越	越來越	more and more ...	5

Z

zài...tóngshí	在……同时	在……同時	at the same time	10
zài...fāngmiàn	在……方面	在……方面	in the aspect of	8
zhàozhe	照着	照著	according to	2
zhī	之	之	literary counterpart of 的	9
zhǐbùguò	只不过	只不過	only; just; and no more	10
zhǐyào...jiù	只要……就	只要……就	if only; as long as	3
zhǐyǒu...cái	只有……才	只有……才	only when; not until	5
zhǐ	指	指	refer to; mean	11
zhìyú	至于	至於	as to; as for	5
zìcóng	自从	自從	since; ever since	7
zǒngshì	总是	總是	always	6
zuòwéi	作为	作為	as; in the role of	4

文化内容索引 / 文化內容索引
Cultural Content Index

（号码表示课号，"R"表示阅读课文）

B

biānfú	蝙蝠	蝙蝠	bat	6

C

cǎoshū	草书	草書	Cursive script	10
chángchéng	长城	長城	The Great Wall	3
chuánzōngjiēdài	传宗接代	傳宗接代	carry on the family line	7
chūnjié	春节	春節	Spring Festival	11
chūnlián	春联	春聯	Spring Festival couplets	10R
cíqì	瓷器	瓷器	china	4R

D

dàtóngshìjiè	大同世界	大同世界	The Great Harmony	8
dàyùnhé	大运河	大運河	The Grand Canal	3R
dúshēngzǐnǚ	独生子女	獨生子女	only child	7R
duìlián	对联	對聯	antithetical couplet	10R
duìzhàng	对仗	對仗	antithesis	10R
duōzǐduōfú	多子多福	多子多福	the more sons, the more happiness	7

F

fàngbiānpào	放鞭炮	放鞭炮	set off firecrackers	11
fēngshuǐ	风水	風水	Feng shui	9
fúzì	福字	福字	the character for "fortune"	6

G

gùgōng	故宫	故宮	Forbidden City	9R

H

hànyǔ	汉语	漢語	Chinese language	4
hànzì	汉字	漢字	Chinese characters	4
hóngniáng	红娘	紅娘	female matchmaker	5
huárén	华人	華人	Overseas Chinese	4
huáxiàhòuyì	华夏后裔	華夏後裔	Chinese descendants	4
huángdì	黄帝	黄帝	Emperor Yellow	4
huángdìgōngdiàn	皇帝宫殿	皇帝宮殿	The imperial palace	9R
huángdìlíngmù	皇帝陵墓	皇帝陵墓	The imperial mausoleum	9R
hūnyīnjièshàosuǒ	婚姻介绍所	婚姻介紹所	marriage agency	5

J

jìhuàshēngyù	计划生育	計劃生育	family planning	7
jiǎgǔwén	甲骨文	甲骨文	inscriptions on bones or tortoise shells	2
jiǎozi	饺子	餃子	dumplings	11

K

kǎishū	楷书	楷書	Regular script	10
kǐngzǐ	孔子	孔子	Confucius	8
kuàizi	筷子	筷子	chopsticks	6

L

lìshū	隶书	隸書	Official script	10
lóng	龙	龍	dragon	11R
lóngdechuánrén	龙的传人	龍的傳人	dragon's descendants	11R
lúnyǔ	论语	論語	The Analects of Confucius	8

M

máobǐ	毛笔	毛筆	writing brush	10
méipó	媒婆	媒婆	female matchmaker	5
mèngjiāngnǔ	孟姜女	孟姜女	name of a person	3
mèngmǔsānqiān	孟母三迁	孟母三遷	the mother of Mencius moved three times	8R
mèngzǐ	孟子	孟子	Mencius	8R
mílèfó	弥勒佛	彌勒佛	Maitreya Buddha	10R
mókuài	墨块	墨塊	ink stick	10

N

niángāo	年糕	年糕	sweet rice cake	11
niánniányǒuyú	年年有余	年年有餘	There is surplus money every year	11
niányèfàn	年夜饭	年夜飯	New Year's Eve dinner	11

P

píngzè	平仄	平仄	oblique and level tones	10R

S

shēngxiào	生肖	生肖	Chinese Zodiac	5R
shūfǎ	书法	書法	calligraphy	10
shǔxiàng	属相	屬相	Chinese Zodiac	5R

T

tángrénjiē	唐人街	唐人街	Chinatown	4
tāngyuán	汤圆	湯圓	sweet dumplings	11
táofú	桃符	桃符	peach wood charms	10R
tiāngāndìzhī	天干地支	天干地支	Chinese era	5R
tiānxiàwéigōng	天下为公	天下為公	everything under heaven belongs to everyone	8

W

wǎnlián	挽联	挽聯	elegiac couplet	10R
wénfángsìbǎo	文房四宝	文房四寶	the scholar's four jewels	10
wūyā	乌鸦	烏鴉	crow	6
wǔlóng	舞龙	舞龍	dragon dance	11R
wǔshīzi	舞狮子	舞獅子	lion dance	11R

X

xǐlián	喜联	喜聯	wedding couplet	10R
xǐquè	喜鹊	喜鵲	magpie	6
xíngshū	行书	行書	Running script	10
xìngmíng	姓名	姓名	name	6R
xuānzhǐ	宣纸	宣紙	a type of paper made in Xuancheng	10

Y

yāsuìqián	压岁钱	壓歲錢	New Year money	11
yánhuángzǐsūn	炎黄子孙	炎黃子孫	descendants of Yandi and Huangdi	4
yándì	炎帝	炎帝	Emperor Yan	4
yàntai	砚台	硯臺	ink stone	10
yǎng'érfánglǎo	养儿防老	養兒防老	raise sons to support parents in old age	7

Z

zhīzhū	蜘蛛	蜘蛛	spider	6
zhōngguóchéng	中国城	中國城	Chinatown	4
zhōngguórénkǒu	中国人口	中國人口	Chinese population	7
zhújiǎn	竹简	竹簡	slips of bamboo for writing	2
zhuànshū	篆书	篆書	Seal script	10

一、用所给的词语回答问题 / 用所給的詞語回答問題

Answer questions with the given words and phrases

---

1. 什么是除夕？什么是年饭？（指）
   什麼是除夕？什麼是年飯？（指）

   _____

2. 你知道过年的习俗是什么时候开始的？（据说）
   你知道過年的習俗是什麼時候開始的？（據說）

   _____

3. 人们什么时候贴春联？（每当……时候）
   人們什麼時候貼春聯？（每當……時候）

   _____

4. 你今天几节课？都是什么课？（头 + number word and measure word）
   你今天幾節課？都是什麼課？（頭 + number word and measure word）

   _____

5. 下课以后你做什么？（不是……就是……）
   下課以後你做什麼？（不是……就是……）

   _____

二、选择合适的词语填空 / 選擇合適的詞語填空
Fill in the blanks with the given words and phrases

＊一个词语可以用多次 / 一個詞語可以用多次 One word or phrase can be used multiple times.

指、听说、每当⋯⋯时候、头、不是⋯⋯就是⋯⋯、不是⋯⋯而是⋯⋯、
不仅⋯⋯而且⋯⋯、据说

指、聽説、每當⋯⋯時候、頭、不是⋯⋯就是⋯⋯、不是⋯⋯而是⋯⋯、
不僅⋯⋯而且⋯⋯、據説

　　大年初一＿＿＿＿的是新年的＿＿＿＿一天，这天早上家家户户＿＿＿＿吃饺子

＿＿＿＿吃汤圆，因为饺子和汤圆都表示团团圆圆。＿＿＿＿过年的＿＿＿＿，最高兴

的是小孩子，他们＿＿＿＿可以放鞭炮＿＿＿＿可以得到压岁钱。＿＿＿＿以前的压岁

钱＿＿＿＿真的钱＿＿＿＿一种假钱。人们还＿＿＿＿"年"是一个魔怪，它＿＿＿＿过年的

＿＿＿＿就出来害人。＿＿＿＿魔怪＿＿＿＿怕响声＿＿＿＿也怕红颜色，所以人们就在门

外放鞭炮。

　　大年初一＿＿＿＿的是新年的＿＿＿＿一天，這天早上家家戶戶＿＿＿＿吃餃子

＿＿＿＿吃湯圓，因為餃子和湯圓都表示團團圓圓。＿＿＿＿過年的＿＿＿＿，最高興

的是小孩子，他們＿＿＿＿可以放鞭炮＿＿＿＿可以得到壓歲錢。＿＿＿＿以前的壓歲

錢＿＿＿＿真的錢＿＿＿＿一種假錢。人們還＿＿＿＿"年"是一個魔怪，它＿＿＿＿過年的

＿＿＿＿就出來害人。＿＿＿＿魔怪＿＿＿＿怕響聲＿＿＿＿也怕紅顏色，所以人們就在門

外放鞭炮。

三、用所给的词语造句 / 用所給的詞語造句
Make sentences with the given words and phrases

1. 不是⋯⋯ 就是⋯⋯
   不是⋯⋯ 就是⋯⋯

   _____

2. 指
   指

   _____

3. 每当⋯⋯ 时候
   每當⋯⋯ 時候

   _____

4. 头
   頭

   _____

5. 据说
   據説

   _____

四、翻译 / 翻譯
Translation

1. It is said that the nian is afraid of not only noises, but also the color red. Therefore, when the New Year comes, every family not only paste the Spring Festival couplets on either side of their doors, they also set off firecrackers in their yards.

_____

_____

_____

2. During the first day or two of the new year, people either happily eat dumplings or sweet dumplings. Both eating dumplings and sweet dumplings signifies the family reunion. Some families also eat some sweet rice cakes, which represents the standard of their living will improve every year.

_____

_____

_____

3. According to the research done by historians, there was no real *yasuiqian* a long time ago. During the New Year, grandparents would give children a kind of fake money that could not be used to buy things, but could ward off evil and keep the children safe. Then, people changed the fake money to real money.

_____

_____

_____

五、根据课文回答问题 / 根據課文回答問題
Answer questions according to the text

1. 为什么大年初一人们要吃饺子，汤圆和年糕？
   為什麼大年初一人們要吃餃子，湯圓和年糕？

   _____

2. 为什么过年时家家户户都要贴春联，放鞭炮？
   為什麼過年時家家戶戶都要貼春聯，放鞭炮？

   _____

3. 为什么除夕一定要吃鱼，而且不能把鱼全吃完？
   為什麼除夕一定要吃魚，而且不能把魚全吃完？

   _____

4. 什么是压岁钱？为什么叫压岁钱？
   什麼是壓歲錢？為什麼叫壓歲錢？

   _____

5. 人们对"年"这个字有什么不同的解释？
   人們對"年"這個字有什麼不同的解釋？

   _____

六、课堂讨论 / 課堂討論
Discussion

1. 人们怎样庆祝新年？
   人們怎樣慶祝新年？

   _____

   _____

2. 人们为什么要庆祝新年？
   人們為什麼要慶祝新年？

   _____

   _____

七、小作文 / 小作文
Composition

回家过年
回家過年

_____

_____

_____

_____

_____

一、**用所给的词语改写句子 / 用所給的詞語改寫句子**
Rewrite the sentences with the given words and phrases

1. 我见过王丽一两次面，跟她并不熟悉。(只不过)
   我見過王麗一兩次面，跟她並不熟悉。(只不過)

   _____

2. 昨天上课来的学生太多了，很多人站在教室外面听课。(以至于)
   昨天上課來的學生太多了，很多人站在教室外面聽課。(以至於)

   _____

3. 学中文要学听说读写，写汉字最难学。(其中)
   學中文要學聽說讀寫，寫漢字最難學。(其中)

   _____

4. 我在做作业，也在看电视。(在 …… 同时)
   我在做作業，也在看電視。(在 …… 同時)

   _____

5. 这次考试有很多题以前没有学过。(根本)
   這次考試有很多題以前沒有學過。(根本)

   _____

6. 我们班上很多同学都会唱中国歌。(大都)
   我們班上很多同學都會唱中國歌。(大都)

   _____

二、选择合适的词语填空 / 選擇合適的詞語填空
Fill in the blanks with the given words and phrases

＊一个词语可以用多次 / 一個詞語可以用多次 One word or phrase can be used multiple times.

根本、只不过、以至于、大都、大多数、在……同时、其中、并、其实

根本、只不過、以至於、大都、大多數、在……同時、其中、並、其實

我们的中文老师＿＿＿是从中国来的，＿＿＿的老师都会书法，＿＿＿一个是有名

的书法家。许多同学以前＿＿＿不会写汉字，现在都写得很漂亮了。＿＿＿写汉字

＿＿＿不难，＿＿＿每天需要练习。大家＿＿＿练习写汉字的＿＿＿认识了很多新的

字，还有的同学用很多时间练习写字，＿＿＿忘了做作业。

我們的中文老師＿＿＿是從中國來的，＿＿＿的老師都會書法，＿＿＿一個是有名

的書法家。許多同學以前＿＿＿不會寫漢字，現在都寫得很漂亮了。＿＿＿寫漢字

＿＿＿不難，＿＿＿每天需要練習。大家＿＿＿練習寫漢字的＿＿＿認識了很多新的

字，還有的同學用很多時間練習寫字，＿＿＿忘了做作業。

三、用所给的词语造句 / 用所給的詞語造句
Make sentences with the given words and phrases

1. 只不过
   只不過

   _____

2. 在 …… 同时
   在 …… 同時

   _____

3. 以至于
   以至於

   _____

4. 大都
   大都

   _____

5. 根本
   根本

   _____

6. 其中
   其中

   _____

四、翻译 / 翻譯
Translation

━━━━━━━━━━━━━━━━━━━━━━━━━━━━━━━━━━━━

1. In China, most of the "four treasures of the study" are made very beautifully. As a result, people who are not calligraphers and do not understand the art of calligraphy at all would also like to put the "four treasures of the study" in their study.

_____

_____

_____

2. Chinese calligraphy is the art of writing characters, and it is one of China's traditional cultures. Calligraphers often like to use famous quotes when they write in order to have people appreciate their calligraphy and also to inspire and educate them at the same time.

_____

_____

_____

3. Chinese characters are composed of long, short, thick, and thin lines. The method of writing Chinese characters very beautifully is called Chinese calligraphy. Students should not write illegibly, however calligraphers can. Calligraphers call the illegible characters that they write "cursive script."

_____

_____

_____

五、根据课文回答问题 / 根據課文回答問題
Answer questions according to the text

1. 什么是国粹？中国的国粹有哪些？
   什麼是國粹？中國的國粹有哪些？

   _____

2. 什么是书法？为什么汉字是可以成为艺术品的文字？
   什麼是書法？為什麼漢字是可以成為藝術品的文字？

   _____

3. 为什么在欣赏书法作品的同时可以得到一些启发和教育？
   為什麼在欣賞書法作品的同時可以得到一些啓發和教育？

   _____

4. 什么是狂草？它有什么特点？
   什麼是狂草？它有什麼特點？

   _____

5. 什么是文房四宝？为什么很多人喜欢文房四宝？
   什麼是文房四寶？為什麼很多人喜歡文房四寶？

   _____

六、课堂讨论 / 課堂討論
Discussion

1. 你认为中国的书法是不是艺术？为什么？
   你認為中國的書法是不是藝術？為什麼？

   _____

   _____

2. 中国人为什么喜欢书法？还有哪些国家有书法？
   中國人為什麼喜歡書法？還有哪些國家有書法？

   _____

   _____

七、小作文 / 小作文
Composition

你喜欢的传统文化
你喜歡的傳統文化

_____

_____

_____

_____

_____

一、用所给的词语回答问题 / 用所給的詞語回答問題

Answer questions with the given words and phrases

1. 你认为风水是一种迷信还是一门学问？（不是 …… 而是 ……）
   你認為風水是一種迷信還是一門學問？（不是 …… 而是 ……）

   _____

2. 你是去年来我们学校的吗？（不是 …… 而是 ……）
   你是去年來我們學校的嗎？（不是 …… 而是 ……）

   _____

3. 你怎么知道明天天气不好？（根据）
   你怎麼知道明天天氣不好？（根據）

   _____

4. 你认为房屋跟人的富裕或者贫穷有关系吗？（并）
   你認為房屋跟人的富裕或者貧窮有關係嗎？（並）

   _____

5. 大家都说学中文难，学法文容易，你觉得呢？（并）
   大家都說學中文難，學法文容易，你覺得呢？（並）

   _____

6. 你的手机被小张拿走了，还是被小李拿走了？（到底）
   你的手機被小張拿走了，還是被小李拿走了？（到底）

   _____

7. 在大学你每天都做什么？（不仅……也／还）
   在大學你每天都做什麼？（不僅……也／還）

   _____

二、选择合适的词语填空 / 選擇合適的詞語填空
Fill in the blanks with the given words and phrases

＊一个词语可以用多次 / 一個詞語可以用多次　One word or phrase can be used multiple times.

只要……就……、不是……而是……、不仅……也／还、化……为……、
如果……就……、根据、到底

只要……就……、不是……而是……、不僅……也／還、化……為……、
如果……就……、根據、到底

1. 你_____上课迟到，_____不做作业，你_____想不想学习了？

   你_____上課遲到，_____不做作業，你_____想不想學習了？

2. 我_____不想去看你，_____有太多的作业了，我不知道_____有没有时间去看你。

   我_____不想去看你，_____有太多的作業了，我不知道_____有沒有時間去看你。

3. 相信风水的人说，_____一栋房子的位置不好_____要请风水先生来帮忙，_____你

   _____风水先生的建议在门上挂一面小镜子，_____可以_____灾祸_____吉利了。

   相信風水的人説，_____一棟房子的位置不好_____要請風水先生來幫忙，_____你

   _____風水先生的建議在門上掛一面小鏡子，_____可以_____災禍_____吉利了。

三、用所给的词语造句 / 用所給的詞語造句
Make sentences with the given words and phrases

1. 根据
   根據

   _____

2. 不是……而是……
   不是……而是……

   _____

3. 到底
   到底

   _____

4. 不仅……也/还
   不僅……也/還

   _____

5. 并(不/没有)
   並(不/沒有)

   _____

四、翻译 / 翻譯
Translation

1. Feng shui is one of the Chinese traditional cultures. A good feng shui can change disaster into good luck. Therefore, not only ordinary people invite feng shui experts when building their house, but the emperor also invites feng shui experts for building his palace.

_____

_____

_____

2. Many people want to be promoted to a higher position or get greater wealth. They built their houses according to the suggestions of feng shui experts. But at the end, they didn't get what they want. Therefore, some people don't think that feng shui works for them.

_____

_____

_____

3. Feng shui is not the study of the quality of the building construction, but rather the impact of the location and structure of the house on people. Therefore, some people believe that the concept of feng shui is not a knowledge, but a superstition.

_____

_____

_____

五、根据课文回答问题 / 根據課文回答問題
Answer questions according to the text

1. 什么是风水？
   什麼是風水？

   _____

2. 风水先生认为人的健康和疾病、富裕和贫穷跟什么有关系？
   風水先生認為人的健康和疾病、富裕和貧窮跟什麼有關係？

   _____

3. 人们盖房子为什么要请风水先生？
   人們蓋房子為什麼要請風水先生？

   _____

4. 人们为什么要在门头上挂一面小镜子？
   人們為什麼要在門頭上掛一面小鏡子？

   _____

5. 什么是风水宝地？为什么要在风水宝地修建墓地？
   什麼是風水寶地？為什麼要在風水寶地修建墓地？

   _____

六、课堂讨论 / 課堂討論
Discussion

1. 风水到底是迷信还是学问？为什么？
   風水到底是迷信還是學問？為什麼？

   _____

   _____

2. 你知道别的国家有哪些事情是迷信的？为什么？
   你知道別的國家有哪些事情是迷信的？為什麼？

   _____

   _____

七、小作文 / 小作文
Composition

风水与迷信
風水與迷信

_____

_____

_____

_____

_____

练习八 / 練習八
Exercise 8

一、用所给的词语回答问题 / 用所給的詞語回答問題
Answer questions with the given words and phrases

1. 你今天晚上只做中文作业吗？（不只是……还）
   你今天晚上只做中文作業嗎？（不只是……還）

   _____

2. 你的宿舍都有什么东西？（以及）
   你的宿舍都有什麼東西？（以及）

   _____

3. 我今天病了，可以不去上课吗？（即使……也）
   我今天病了，可以不去上課嗎？（即使……也）

   _____

4. 你一点儿都没有复习，还要去考试吗？（即使……还）
   你一點兒都沒有複習，還要去考試嗎？（即使……還）

   _____

5. 你觉得学中文难吗？（在……方面）
   你覺得學中文難嗎？（在……方面）

   _____

6. 为什么很多人喜欢狗？（把……当做）
   為什麼很多人喜歡狗？（把……當做）

   _____

7. 你觉得这本汉语文化课本怎么样？（受到）
   你覺得這本漢語文化課本怎麼樣？（受到）

   _____

二、选择合适的词语填空 / 選擇合適的詞語填空
Fill in the blanks with the given words and phrases

＊ 一个词语可以用多次 / 一個詞語可以用多次 One word or phrase can be used multiple times.

不只是……还、虽然……但是、即使……也、在……方面、把……当做、
受到、因为、以及、得到

不只是……還、雖然……但是、即使……也、在……方面、把……當做、
受到、因為、以及、得到

1. 我每天非常忙，_____要上课，_____要去实验室，_____周末_____得去图书馆。

   我每天非常忙，_____要上課，_____要去實驗室，_____周末_____得去圖書館。

2. _____学习_____他很聪明，这学期他选了四门很难的课，但是每一门课都_____

   很好的成绩。

   _____學習_____他很聰明，這學期他選了四門很難的課，但是每一門課都_____

   很好的成績。

3. 他上大学以后，妈妈还_____他_____小孩子，常常来学校给他整理房间、洗衣服

   _____打扫厕所。

他上大學以後，媽媽還＿＿＿他＿＿＿小孩子，常常來學校給他整理房間、洗衣服＿＿＿打掃廁所。

4. 汉语课＿＿＿有点儿难＿＿＿很有意思，＿＿＿可以学到很多中国文化，所以＿＿＿同学们的欢迎 。

漢語課＿＿＿有點兒難＿＿＿很有意思，＿＿＿可以學到很多中國文化，所以＿＿＿同學們的歡迎 。

三、用所给的词语造句 / 用所給的詞語造句
Make sentences with the given words and phrases

1. 受到
   受到

   _____

2. 得到
   得到

   _____

3. 以及
   以及

   _____

4. 不只是……也
   不只是……也

   _____

5. 在……方面
   在……方面

   _____

6. 即使……也
   即使……也

   _____

7. 把……当做
   把……當做

   _____

四、翻译 / 翻譯
Translation

1. In the world of universal harmony, people not only treat their loved ones as relatives, but also other's loved ones as their own relatives. They love not only their own children but also other's children.

   _____

   _____

   _____

2. What Confucius said is very reasonable. He said that you will gain new insights through restudying the old material. That is why Chinese people are still studying his book, talking about his sayings, and writing down his words in China and many other places in the world.

_____

_____

_____

3. In the aspect of education, Confucius advocated "Providing education for all people without discrimination". Whether noble or common people, even poor people should be educated. Therefore, Confucius himself established a school, where he had both noble and ordinary people as his students.

_____

_____

_____

五、根据课文回答问题 / 根據課文回答問題
Answer questions according to the text

1. 什么是"大同世界"？
   什麼是"大同世界"？

   _____

2. "有教无类"是什么意思？
   "有教無類"是什麼意思？

   _____

3. 什么是"温故知新"？
   什麼是"溫故知新"？

   _____

4. "知之为知之，不知为不知"是什么意思？
   "知之為知之，不知為不知"是什麼意思？

   _____

5. 为什么现在中国人还读孔子的书，而且把孔子的话刻写在许多地方？
   為什麼現在中國人還讀孔子的書，而且把孔子的話刻寫在許多地方？

   _____

六、课堂讨论 / 課堂討論
Discussion

1. 有没有"大同世界"？为什么？
   有沒有"大同世界"？為什麼？

   _____

   _____

2. 我们现在是不是已经做到了"有教无类"？
   我們現在是不是已經做到了"有教無類"？

   _____

   _____

七、小作文 / 小作文
Composition

   你心中的"大同世界"
   你心中的"大同世界"

   _____

   _____

   _____

   _____

Ex7

练习七 / 練習七
Exercise 7

一、用所给的词语回答问题 / 用所給的詞語回答問題
Answer questions with the given words and phrases

1. 世界上有多少人会说中文？(百分之 X)
   世界上有多少人會説中文？(百分之 X)

   _____

2. 你觉得考试重要吗？(对于)
   你覺得考試重要嗎？(對於)

   _____

3. 我们班上是不是很多人都会写汉字？(尤其)
   我們班上是不是很多人都會寫漢字？(尤其)

   _____

4. 今天的考试你去吗？(非 …… 不可)
   今天的考試你去嗎？(非 …… 不可)

   _____

5. 你是中国人，你会说中文吗？(却)
   你是中國人，你會説中文嗎？(卻)

   _____

6. 你是什么时候开始学中文的？(自从)
   你是什麼時候開始學中文的？(自從)

   _____

二、选择合适的词语填空 / 選擇合適的詞語填空
Fill in the blanks with the given words and phrases

1. ＿＿＿＿＿我常常不去上课，＿＿＿＿＿考试的时候很多题都不会做。

   ＿＿＿＿＿我常常不去上課，＿＿＿＿＿考試的時候很多題都不會做。

   a. 虽然……但是　b. 因为……所以　　c. 不但……而且
   a. 雖然……但是　b. 因為……所以　　c. 不但……而且

2. ＿＿＿＿＿是男孩子＿＿＿＿＿女孩子，爸爸妈妈都喜欢。

   ＿＿＿＿＿是男孩子＿＿＿＿＿女孩子，爸爸媽媽都喜歡。

   a. 如果……那么　b. 由于……因此　　c. 不管……还是
   a. 如果……那麼　b. 由於……因此　　c. 不管……還是

3. 老师说＿＿＿＿＿学好中文，＿＿＿＿＿可以到中国去工作。

   老師說＿＿＿＿＿學好中文，＿＿＿＿＿可以到中國去工作。

   a. 只要……就　　b. 不但.……还　　c. 不管……都
   a. 只要……就　　b. 不但.……還　　c. 不管……都

4. 我们的中文作业，＿＿＿＿＿造句和填空＿＿＿＿＿，还有很多翻译。

   我們的中文作業，＿＿＿＿＿造句和填空＿＿＿＿＿，還有很多翻譯。

   a. 除了……以外　b. 不是……就是　　c. 非……不可
   a. 除了……以外　b. 不是……就是　　c. 非……不可

5. 虽然他每次考试都得一个C，可是他＿＿＿＿＿都不生气。

   雖然他每次考試都得一個C，可是他＿＿＿＿＿都不生氣。

   a. 越来越　　　　b. 一点儿　　　　c. 差不多
   a. 越來越　　　　b. 一點兒　　　　c. 差不多

三、用所给的词语造句 / 用所給的詞語造句
Make sentences with the given words and phrases

1. 非 …… 不可
   非 …… 不可

   _____

2. 自从
   自從

   _____

3. 却
   卻

   _____

4. 对于
   對於

   _____

5. 以上 / 以下
   以上 / 以下

   _____

6. 百分之 X
   百分之 X

   _____

四、翻译 / 翻譯
Translation

1. Although the government stipulates that one family is only allowed to have one child, some people insist on having more children. Therefore, the government has adopted some methods to punish them.

_____

_____

_____

2. China's population growth has been under control since the Family Planning policy. But, elderly population appears to be a problem, because the number of the people over the age 60 is close to two hundred million in China right now.

_____

_____

_____

3. China has a big population; it accounts for more than eighteen percent of the total world population. Chinese people have had some traditional concepts for thousands of years, such as "the more sons and the more happiness", and "raise sons to support parents in old age".

_____

_____

_____

五、根据课文回答问题 / 根據課文回答問題
Answer questions according to the text

1. 中国人口有多少？占世界总人口的百分之多少？
   中國人口有多少？占世界總人口的百分之多少？

   _____

2. 中国人口太多的原因是什么？
   中國人口太多的原因是什麼？

   _____

3. 一个国家的人口太多了会怎么样？
   一個國家的人口太多了會怎麼樣？

   _____

4. 中国政府是怎么控制人口增长的？
   中國政府是怎麼控制人口增長的？

   _____

5. 为什么中国政府发布新的计划生育政策？
   為什麼中國政府發布新的計劃生育政策？

   _____

六、课堂讨论 / 課堂討論
Discussion

人们应该计划生育吗？
人們應該計劃生育嗎？

_____

_____

计划生育政策给中国带来了什么变化？
計劃生育政策給中國帶來了什麼變化？

_____

_____

七、小作文 / 小作文
Composition

你对计划生育的看法
你對計劃生育的看法

_____

_____

_____

_____

_____

Ex6 练习六 / 練習六
Exercise 6

一、用所给的词语回答问题 / 用所給的詞語回答問題
Answer questions with the given words and phrases

1. 你每天去什么地方看书？（或者）
   你每天去什麼地方看書？（或者）

   _____

2. 你做了多少作业了？（一点儿都）
   你做了多少作業了？（一點兒都）

   _____

3. 你为什么不喜欢小燕？（总是）
   你為什麼不喜歡小燕？（總是）

   _____

4. 你为什么要学中文？（由于……因此）
   你為什麼要學中文？（由於……因此）

   _____

5. 学中文只学拼音，不学汉字可以吗？（既……又）
   學中文只學拼音，不學漢字可以嗎？（既……又）

   _____

6. 老师讲的你都听见了吗？（不过）
   老師講的你都聽見了嗎？（不過）

   _____

7. 你是不是只会写拼音，不会写汉字？（不管……还是……都）

你是不是只會寫拼音，不會寫漢字？（不管……還是……都）

_____

二、选择合适的词语填空 / 選擇合適的詞語填空
Fill in the blanks with the given words and phrases

＊ 一个词语可以用多次 / 一個詞語可以用多次 One word or phrase can be used multiple times.

既……又、由于……因此、或者、还是、不过

既……又、由於……因此、或者、還是、不過

1. _____中文有很多同音字，_____过年、过生日送礼物的时候，一定要当心。

_____中文有很多同音字，_____過年、過生日送禮物的時候，一定要當心。

2. 中国人都喜欢用"八"和"六"做电话号码_____汽车牌照的号码。因为不管是"八"

_____"六"，都会让人觉得可以发财。

中國人都喜歡用"八"和"六"做電話號碼_____汽車牌照的號碼。因為不管是"八"

_____"六"，都會讓人覺得可以發財。

3. 我最喜欢学中文了。我每天在图书馆_____在教室做中文作业。我_____学拼音

_____学汉字。我觉得不管是听说_____读写我都可以学好。_____我的朋友告诉我

说，_____中文是东方的语言，_____比别的语言要难学一些。

我最喜歡學中文了。我每天在圖書館＿＿＿＿在教室做中文作業。我＿＿＿＿學拼音

＿＿＿＿學漢字。我覺得不管是聽說＿＿＿＿讀寫我都可以學好。＿＿＿＿我的朋友告

訴我說，＿＿＿＿中文是東方的語言，＿＿＿＿比別的語言要難學一些。

三、用所给的词语造句 / 用所給的詞語造句
Make sentences with the given words and phrases

1. 由于……因此
   由於……因此

   ＿＿＿＿＿＿＿＿＿＿＿＿＿＿＿＿＿＿＿＿＿＿＿＿＿＿＿

2. 既……又
   既……又

   ＿＿＿＿＿＿＿＿＿＿＿＿＿＿＿＿＿＿＿＿＿＿＿＿＿＿＿

3. 总是
   總是

   ＿＿＿＿＿＿＿＿＿＿＿＿＿＿＿＿＿＿＿＿＿＿＿＿＿＿＿

4. 不管……还是……都
   不管……還是……都

   ＿＿＿＿＿＿＿＿＿＿＿＿＿＿＿＿＿＿＿＿＿＿＿＿＿＿＿

5. 一点儿都（不 / 没有）
   一點兒都（不 / 沒有）

_____

6. 不过
   不過

_____

四、翻译 / 翻譯
Translation

━━━━━━━━━━━━━━━━━━━━━━━━━━━━━━━

1. Because money is an inseparable part of people's lives, having too little or too much can cause a lot of problems. Therefore people like money, but also hate money as well.

   _____

   _____

   _____

2. In China many businessmen are very superstitious. They like to use "eight" or "six" for their telephone numbers or car license plate numbers, because they think these numbers can bring them a good fortune.

   _____

   _____

   _____

3. In Chinese, the pronunciation of the word "pear" (li) sounds like li in fenli "separate". Therefore two people in love, or a husband and wife, or even two good friends do not like to share a pear by cutting it apart.

_____

_____

_____

五、根据课文回答问题 / 根據課文回答問題
Answer questions according to the text

1. 做生意的人为什么喜欢用"八"和"六"这两个数字？
   做生意的人為什麼喜歡用"八"和"六"這兩個數字？

   _____

2. "筷子"以前叫什么？后来为什么改叫作筷子？
   "筷子"以前叫什麼？後來為什麼改叫作筷子？

   _____

3. 为什么不能给新婚夫妇送伞，给老人送钟？
   為什麼不能給新婚夫婦送傘，給老人送鐘？

   _____

4. 人们为什么喜欢蝙蝠、蜘蛛、喜鹊？
   人們為什麼喜歡蝙蝠、蜘蛛、喜鵲？

   _____

5. 人们为什么既喜欢又讨厌同音字？
   人們為什麼既喜歡又討厭同音字？

_____

六、课堂讨论 / 課堂討論
Discussion

喜欢和讨厌同音字是不是迷信？为什么？
喜歡和討厭同音字是不是迷信？為什麼？

_____

_____

一、用所给的词语回答问题 / 用所給的詞語回答問題
Answer questions with the given words and phrases

1. 新娘什么时候能看到自己嫁的男人？（只有……才）
   新娘什麼時候能看到自己嫁的男人？（只有……才）

   _____

2. 什么人明天可以不来考试？（只有……才）
   什麼人明天可以不來考試？（只有……才）

   _____

3. 什么时候媒婆改叫做红娘的？（……来）
   什麼時候媒婆改叫做紅娘的？（……來）

   _____

4. 这几天的天气怎么样？（越来越）
   這幾天的天氣怎麼樣？（越來越）

   _____

5. 你告诉他开车不要喝酒，他记住了吗？（至于）
   你告訴他開車不要喝酒，他記住了嗎？（至於）

   _____

6. 他结婚了吗？他的婚姻幸福吗？（至于）
   他結婚了嗎？他的婚姻幸福嗎？（至於）

   _____

7. 红娘介绍婚姻的方法和媒婆有什么不一样？（让）
   紅娘介紹婚姻的方法和媒婆有什麼不一樣？（讓）

   _____

8. 我不知道今天的作业是什么，老师昨天是怎么说的？（让）
   我不知道今天的作業是什麼，老師昨天是怎麼說的？（讓）

   _____

9. 你喜欢吃中国饭，还是喜欢吃日本饭？（不管……还是……都）。
   你喜歡吃中國飯，還是喜歡吃日本飯？（不管……還是……都）。

   _____

10. 是不是只有中国人知道长城？（无论……还是……都）。
    是不是只有中國人知道長城？（無論……還是……都）。

    _____

二、选择合适的词语填空 / 選擇合適的詞語填空
Fill in the blanks with the given words and phrases

＊一个词语可以用多次 / 一個詞語可以用多次 One word or phrase can be used multiple times.

帮助、帮忙、至于、越来越、只有……才、让
幫助、幫忙、至於、越來越、只有……才、讓

1. 老师_____大家考试前一定要认真复习，_____认真复习的人_____可以考好。

   老師_____大家考試前一定要認真複習，_____認真複習的人_____可以考好。

2. 老师说有问题的人可以去找老师＿＿＿，但是老师不＿＿＿从来不复习的人。

老師說有問題的人可以去找老師＿＿＿，但是老師不＿＿＿從來不複習的人。

3. 老师说写汉字一定不可以写错，＿＿＿写得好看不好看没关系。后来同学们写的

字都＿＿＿难看了。

老師說寫漢字一定不可以寫錯，＿＿＿寫得好看不好看沒關係。後來同學們寫的

字都＿＿＿難看了。

三、用所给的词语造句 / 用所給的詞語造句
Make sentences with the given words and phrases

1. 越来越
   越來越

   ＿＿＿＿＿＿＿＿＿＿＿＿＿＿＿＿＿＿＿＿＿

2. 至于
   至於

   ＿＿＿＿＿＿＿＿＿＿＿＿＿＿＿＿＿＿＿＿＿

3. 只有……才
   只有……才

   ＿＿＿＿＿＿＿＿＿＿＿＿＿＿＿＿＿＿＿＿＿

4. 不管 …… 还是 …… 都
   不管 …… 還是 …… 都

   _____

5. 让
   讓

   _____

6. （时间）来
   （時間）來

   _____

四、翻译 / 翻譯
Translation

═══════════════════════════════

1. The method of having matchmakers arrange a marriage was not a good one. It created a lot of unhappy families, and therefore the reputation of matchmakers became worse and worse.

   _____

   _____

   _____

2. In the past, when a man is looking for a wife, he usually considers whether the girl is beautiful or ugly. Whether she's smart or stupid is not important. As to what kind of a person she is, it also doesn't matter.

_____

_____

_____

3. Only when both the bridegroom and the bride are satisfied with the marriage, can it be a happy one. So, the 红娘 have the man and woman meet each other first, and then get married only when they want to.

_____

_____

_____

五、根据课文回答问题 / 根據課文回答問題
Answer questions according to the text

1. 媒婆是做什么的？
   媒婆是做什麼的？

_____

2. 媒婆是怎么给人做媒的？
   媒婆是怎麼給人做媒的？

_____

3. 那时候要结婚的男女什么时候才可以见面？
   那時候要結婚的男女什麼時候才可以見面？

   _____

4. 媒婆介绍的婚姻为什么不幸福？
   媒婆介紹的婚姻為什麼不幸福？

   _____

5. 媒婆和红娘介绍婚姻的方法有什么不同？
   媒婆和紅娘介紹婚姻的方法有什麼不同？

   _____

六、课堂讨论 / 課堂討論
Discussion

介绍婚姻的方法好不好？为什么？
介紹婚姻的方法好不好？為什麼？

_____

_____

练习四 / 練習四
Exercise 4

一、用所给的词语回答问题 / 用所給的詞語回答問題
Answer questions with the given words and phrases

1. "中国"什么时候正式作为国家的名称的？（才）
   "中國"什麼時候正式作為國家的名稱的？（才）

   _____

2. 你昨天晚上是几点钟睡觉的？（才）
   你昨天晚上是幾點鐘睡覺的？（才）

   _____

3. 华夏族为什么把自己住的地方叫中华？（以为）
   華夏族為什麼把自己住的地方叫中華？（以為）

   _____

4. 你昨天为什么不来上课？（以为）
   你昨天為什麼不來上課？（以為）

   _____

5. "中国"是怎么成为国家的名称的？（作为）
   "中國"是怎麼成為國家的名稱的？（作為）

   _____

6. 老师，我可以不做作业吗？（作为）
   老師，我可以不做作業嗎？（作為）

   _____

7. 现在人们把唐人街叫做什么？（改 V）
   现在人們把唐人街叫做什麼？（改 V）

   _____

9. 你以前用左手写字，现在呢？（改 V）
   你以前用左手寫字，現在呢？（改 V）

   _____

9. 你什么时候开始学习汉语的？（从……起）
   你什麼時候開始學習漢語的？（從……起）

   _____

二、用所给的词语造句 / 用所給的詞語造句
Make sentences with the given words and phrases

1. 连……也
   連……也

   _____

2. 才
   才

   _____

3. 于是
   於是

   _____

4. 改 V
   改 V

   _____

5. 从……起
   從……起

   _____

6. 作为
   作為

   _____

7. 以为
   以為

   _____

三、选择合适的词语填空 / 選擇合適的詞語填空
Fill in the blanks with the given words and phrases

＊一个词语可以用多次 / 一個詞語可以用多次 One word or phrase can be used multiple times.

连……也、改、于是、才、以为、认为、从......起
連……也、改、於是、才、以為、認為、從......起

1. 以前人们＿＿＿＿城墙可以防止别的国家侵略，＿＿＿＿就在自己的边界上修建起了城墙。现在人们＿＿＿＿城墙不能防止别的国家侵略。

   以前人們＿＿＿＿城牆可以防止別的國家侵略，＿＿＿＿就在自己的邊界上修建起了城牆。現在人們＿＿＿＿城牆不能防止別的國家侵略。

2. 在中国＿＿＿＿小孩子＿＿＿＿知道自己是炎黄子孙。1912年以后，"中国"＿＿＿＿正式成为国家的名称，＿＿＿＿那时候＿＿＿＿汉族和其他少数民族都＿＿＿＿叫做中国人了。

   在中國＿＿＿＿小孩子＿＿＿＿知道自己是炎黃子孫。1912年以後，"中國"＿＿＿＿正式成為國家的名稱，＿＿＿＿那時候＿＿＿＿漢族和其他少數民族都＿＿＿＿叫做中國人了。

四、翻译 / 翻譯
Translation

---

1. My teacher told me that in the past, the Chinese thought that they lived in the center of the world, and thus called the place where they were living as "Zhong Hua" or "Zhong Guo".

2. Since the Han Dynasty, the Huaxia tribe has called themselves the "Han people", and even called their language the "Han language" and their characters the "Han characters".

3. If you go to China, you will see many ethnic minority groups. They dress totally differently from the Han people, even their food is different from the Han people's food.

五、根据课文回答问题 / 根據課文回答問題
Answer questions according to the text

1. 中国人为什么说自己是炎黄子孙？
   中國人為什麼說自己是炎黃子孫？

   _____

2. 华夏族为什么把他们居住的地方叫做"中华"？
   華夏族為什麼把他們居住的地方叫做"中華"？

   _____

3. 从什么时候开始中国人把自己的语言叫做"汉语"的？
   從什麼時候開始中國人把自己的語言叫做"漢語"的？

   _____

4. 为什么华人住的地方叫做"唐人街"？
   為什麼華人住的地方叫做"唐人街"？

   _____

5. 人们是什么时候把汉语改叫做"中文"的？
   人們是什麼時候把漢語改叫做"中文"的？

   _____

Ex3 練習三 / 練習三
Exercise 3

一、用所给的词语改写句子 / 用所給的詞語改寫句子
Rewrite the sentences with the given words and phrases

1. 因为上中文课可以认识中国朋友，所以我选了中文课。（为了）
   因為上中文課可以認識中國朋友，所以我選了中文課。（為了）

   _____

2. 会说中文的人很容易找到工作。（只要 …… 就）
   會說中文的人很容易找到工作。（只要 …… 就）

   _____

3. 我的同屋吃了我的蛋糕。（被）
   我的同屋吃了我的蛋糕。（被）

   _____

4. 弟弟拿走了我的电脑。（被）
   弟弟拿走了我的電腦。（被）

   _____

5. 我喜欢吃中国饭，也喜欢吃日本饭。（不管 …… 都）
   我喜歡吃中國飯，也喜歡吃日本飯。（不管 …… 都）

   _____

6. 小张住在地下室，白天和晚上都要开灯。（不管 …… 都）
   小張住在地下室，白天和晚上都要開燈。（不管 …… 都）

   _____

7. 我五年前学习日语，一年前开始学习汉语。（后来）
   我五年前學習日語，一年前開始學習漢語。（後來）

   _____

二、选择合适的词语填空 / 選擇合適的詞語填空
Fill in the blanks with the given words and phrases

＊一个词语可以用多次 / 一個詞語可以用多次 One word or phrase can be used multiple times.

当……时候、不管……都、为了、只要……就、被
當……時候、不管……都、為了、只要……就、被

1. 这些小国家_____防止别的国家侵略，就在自己的边界上修建起了城墙。

   這些小國家_____防止別的國家侵略，就在自己的邊界上修建起了城牆。

2. 汤姆_____去看赵小燕的父母，现在开始学中文了。

   湯姆_____去看趙小燕的父母，現在開始學中文了。

3. 孟姜女的丈夫_____抓去修城墙。

   孟姜女的丈夫_____抓去修城牆。

4. 我的电脑_____同屋拿走了。

   我的電腦_____同屋拿走了。

5. 人们＿＿＿＿说到长城，＿＿＿＿会说到秦始皇。

　　人們＿＿＿＿説到長城，＿＿＿＿會説到秦始皇。

6. ＿＿＿＿去过中国的人＿＿＿＿知道中国的长城。

　　＿＿＿＿去過中國的人＿＿＿＿知道中國的長城。

7. ＿＿＿＿什么时候他＿＿＿＿在玩手机。

　　＿＿＿＿什麼時候他＿＿＿＿在玩手機。

8. ＿＿＿＿学什么语言，＿＿＿＿要学听、说、读、写。

　　＿＿＿＿學什麼語言，＿＿＿＿要學聽、説、讀、寫。

9. ＿＿＿＿我没有钱的＿＿＿＿，我就想妈妈了。

　　＿＿＿＿我沒有錢的＿＿＿＿，我就想媽媽了。

10. ＿＿＿＿我进教室的＿＿＿＿，老师已经开始讲课了。

　　＿＿＿＿我進教室的＿＿＿＿，老師已經開始講課了。

三、用所给的词语造句 / 用所給的詞語造句
Make sentences with the given words and phrases

1. 为了
   為了

   _____

2. 只要⋯⋯就
   只要⋯⋯就

   _____

3. 不管⋯⋯都
   不管⋯⋯都

   _____

4. 当⋯⋯时候
   當⋯⋯時候

   _____

5. 被
   被

   _____

6. 后来
   後來

   _____

四、翻译 / 翻譯
Translation

1. When Mengjiangnü went to deliver winter clothes to her husband, she found that her husband had already died of exhaustion and was buried under the Great Wall.

   _____

   _____

   _____

2. In order to prevent invasions from northern minorities, Emperor Qin linked the original walls together and built some new walls. Thus, the first Great Wall of China was formed.

   _____

   _____

   _____

3. Although many people died during its construction, the Chinese people nowadays are very proud of The Great Wall. Anyone who knows about China will know about The Great Wall.

   _____

   _____

   _____

五、根据课文回答问题 / 根據課文回答問題
Answer questions according to the text

1. 战国时期那些小国家为什么要修建城墙？
   戰國時期那些小國家為什麼要修建城牆？

   _____

2. 长城有多长？长城的历史有多长？
   長城有多長？長城的歷史有多長？

   _____

3. 孟姜女为什么哭？
   孟姜女為什麼哭？

   _____

4. 长城是什么人修建的？
   長城是什麼人修建的？

   _____

5. 长城为什么很有名？
   長城為什麼很有名？

   _____

一、用所给的词语回答问题 / 用所給的詞語回答問題

Answer questions with the given words and phrases

1. 最早的汉字为什么像一幅画？（照着）
   最早的漢字為什麼像一幅畫？（照著）

   _____

2. 你是怎么认识甲骨文的"虎"字的？（像）
   你是怎麼認識甲骨文的"虎"字的？（像）

   _____

3. 你是怎么知道"休"字的意思的？（由 …… 组成）
   你是怎麼知道"休"字的意思的？（由 …… 組成）

   _____

4. 为什么SAT的成绩很重要？（A跟B有关系）
   為什麼SAT的成績很重要？（A跟B有關係）

   _____

5. 学习的时候有了问题怎么办？（如果 …… 就）
   學習的時候有了問題怎麼辦？（如果 …… 就）

   _____

6. 你学了三年中文，可以看懂中国电影吗？（还）
   你學了三年中文，可以看懂中國電影嗎？（還）

   _____

7. 你昨天去商店买什么了？（除了……以外，还/也）

   你昨天去商店買什麼了？（除了……以外，還/也）

   _____

二、选择合适的词语填空 / 選擇合適的詞語填空
Fill in the blanks with the given words and phrases

＊一个词语可以用多次 / 一個詞語可以用多次 One word or phrase can be used multiple times.

除了……以外、不但……而且、因为……所以、虽然……但是、如果……就、像

除了……以外、不但……而且、因為……所以、雖然……但是、如果……就、像

1. _____汉字是照着物体的形状画出来的，_____汉字就_____是一幅画儿。

   _____漢字是照著物體的形狀畫出來的，_____漢字就_____是一幅畫兒。

2. 汉字不是用字母拼写的，汉字_____难认，_____难念。

   漢字不是用字母拼寫的，漢字_____難認，_____難念。

3. 学习汉语的时候_____有了问题，我_____会去问老师。

   學習漢語的時候_____有了問題，我_____會去問老師。

4. 中文课的作业_____很少，_____也很容易。

   中文課的作業_____很少，_____也很容易。

5. 小李 _____ 常常不来上课，_____ 他每次考试都能考一个 A。

小李 _____ 常常不來上課，_____ 他每次考試都能考一個 A。

6. 汤姆 _____ 喝茶 _____，也喜欢喝咖啡。

湯姆 _____ 喝茶 _____，也喜歡喝咖啡。

7. _____ 生病了，_____ 我没有上学。

_____ 生病了，_____ 我沒有上學。

三、用所给的词语造句 / 用所給的詞語造句
Make sentences with the given words and phrases

1. 由 …… 组成
   由 …… 組成

   _____

2. 照着
   照著

   _____

3. A 跟 B 有关系
   A 跟 B 有關係

   _____

4. 除了 …… 以外
   除了 …… 以外

   _____

5. 如果 …… 就
   如果 …… 就

   _____

6. 还（是）
   還（是）

   _____

四、翻译 / 翻譯
Translation

1. The earliest Chinese characters were drawn according to the shape of the objects, therefore, each Chinese character at its early stage looks like a picture.

   _____

   _____

   _____

2. In the inscriptions on bones and tortoise shells, the character "好" is made of the character "女" and the character "子", and indicates that it is a good thing if a woman has a child.

_____

_____

_____

3. There were four ancient writings in the world. In addition to Chinese characters, there were also others. Today, Chinese characters are the only ones that are still in use.

_____

_____

_____

五、根据课文回答问题 / 根據課文回答問題
Answer questions according to the text

1. 汉字大概是什么时候产生的？
   漢字大概是什麼時候產生的？

   _____

2. 什么是甲骨文？
   什麼是甲骨文？

   _____

3. 为什么说最早的汉字像一幅画儿？
   為什麼說最早的漢字像一幅畫兒？

   _____

4. 为什么商朝人在竹片上写的字没有保留下来？
   為什麼商朝人在竹片上寫的字沒有保留下來？

   _____

5. 现在能见到的最早的汉字是什么时候的？
   現在能見到的最早的漢字是什麼時候的？

   _____

一、用所给的词语回答问题 / 用所給的詞語回答問題
Answer questions with the given words and phrases

1. 为什么说中文比别的语言难？（因为……所以）
   為什麼説中文比別的語言難？（因為……所以）

   _____

2. 你考试为什么没有考好？（因为……所以）
   你考試為什麼沒有考好？（因為……所以）

   _____

3. 为什么有人说汉字难学？（不但……而且）
   為什麼有人説漢字難學？（不但……而且）

   _____

4. 你的新朋友怎么样？（不但……而且）
   你的新朋友怎麼樣？（不但……而且）

   _____

5. 你是怎么知道这个字的意思的？（从）
   你是怎麼知道這個字的意思的？（從）

   _____

6. 你是怎么做你的中文作业的？（用……V）
   你是怎麼做你的中文作業的？（用……V）

   _____

7. 汉字有五万多个，你怎么能记住五万个汉字呢？（虽然 …… 但是）
   漢字有五萬多個，你怎麼能記住五萬個漢字呢？（雖然 …… 但是）

   _____

8. 汉字是不是很难认？（其实）
   漢字是不是很難認？（其實）

   _____

9. 你说你都懂了，为什么又写错了呢？（其实）
   你説你都懂了，為什麼又寫錯了呢？（其實）

   _____

10. 现在的中文字典是用什么排列的？（差不多）
    現在的中文字典是用什麼排列的？（差不多）

    _____

11. 你的同学有中文名字吗？（差不多）
    你的同學有中文名字嗎？（差不多）

    _____

二、用所给的词语改写句子 / 用所給的詞語改寫句子
Rewrite the sentences with the given words and phrases

1. 我生病了，没有上学。（因为 …… 所以）
   我生病了，沒有上學。（因為 …… 所以）

   _____

2. 今年暑假我要工作，不能回家。（因为 …… 所以）
   今年暑假我要工作，不能回家。（因為 …… 所以）

   _____

3. 小李常常不来上课，每次考试都能考一个A。（虽然 …… 但是）
   小李常常不來上課，每次考試都能考一個A。（雖然 …… 但是）

   _____

4. 我头很疼，我还要做作业。（虽然 …… 但是）
   我頭很疼，我還要做作業。（雖然 …… 但是）

   _____

5. 汉字难写又难记。（不但 …… 而且）
   漢字難寫又難記。（不但 …… 而且）

   _____

6. 中文课的作业很多，也很难。（不但 …… 而且）
   中文課的作業很多，也很難。（不但 …… 而且）

   _____

三、用所给的词语造句 / 用所給的詞語造句
Make sentences with the given words and phrases

1. 因为 …… 所以
   因為 …… 所以

   _____

2. 虽然 …… 但是
   雖然 …… 但是

   _____

3. 不但 …… 而且
   不但 …… 而且

   _____

4. 差不多
   差不多

   _____

5. 用 …… V
   用 …… V

   _____

四、翻译 / 翻譯
Translation

1. Tones are a major problem for people learning the Chinese language. The same pronunciation can be spoken using more than one tone, and the different tones reflect different meanings.

_____

_____

_____

2. It is very important to learn Chinese Pinyin. Most Chinese dictionaries are arranged in the alphabetical order of Pinyin, and most Chinese language software also use Pinyin as the input method.

_____

_____

_____

3. People say that Chinese language seems more difficult than other languages. In fact, it is not necessarily true. There are a lot of Chinese characters, you can tell the meaning from their radicals.

_____

_____

_____

五、根据课文回答问题 / 根據課文回答問題
Answer questions according to the text

1. 为什么说学任何一种语言都很难？
   為什麼說學任何一種語言都很難？

   _____

2. 为什么说有时候会觉得中文很容易学？
   為什麼說有時候會覺得中文很容易學？

   _____

3. 学中文为什么要先学汉语拼音？
   學中文為什麼要先學漢語拼音？

   _____

4. 为什么学发音要特别注意声调？
   為什麼學發音要特別注意聲調？

   _____

5. 要看懂简单的报纸和书，差不多需要学会多少汉字？
   要看懂簡單的報紙和書，差不多需要學會多少漢字？

   _____